AF243255

RELATION

AUTHENTIQUE

De *tout ce qui s'est passé à* SAINT-DO-MINGUE *avant et après le départ forcé de l'Assemblée coloniale, composée de 85 membres, sur le vaisseau de guerre le Léopard, commandé par M. de Santo-Dominguo, créole de cette isle, et bon patriote ;*

AVEC la correspondance des sieurs de Peynier, gouverneur, Coutard, et autres comman-dants et officiers tant de terre que de mer, ennemis des colons patriotes, interceptée par l'activité de l'Assemblée Coloniale et des Municipalités de Saint-Domingue.

RELATION

AUTHENTIQUE

De tout ce qui s'est passé à Saint-Domingue *avant et après le départ forcé de l'Assemblée coloniale.*

Du 9 août 1790.

Nous nous trouvons dans les circonstances les plus alarmantes : la colonie, après avoir gémi sous le joug du despotisme ministériel et des administrateurs qui en étoient les agents, avoit cru pouvoir participer à l'heureuse régénération dont la France venoit d'éprouver les effets bienfaisants. Les parties du nord et du sud de cette isle avoient formé des assemblées provinciales au Cap et aux Cayes ; celle de l'ouest avoit choisi un comité provincial au Port-au-Prince (1). Il s'étoit en outre établi, dans les diverses paroisses, des comités pour en représenter les communes ; les anciennes milices s'étoient fondues en troupes patriotiques ; enfin les trois parties de la colonie avoient, de concert, arrêté la convocation d'une assemblée coloniale ; les membres nommés par les paroisses s'étoient

_____

(1) Ce comité y remplissoit en même temps les fonctions de comité paroissial.

A 2

réunis dans la ville de Saint-Marc le 25 mars dernier, et s'étoient constitués, le 14 avril suivant, *assemblée générale de la partie françoise de Saint-Domingue.*

Le sieur Barbé de Marbois, intendant, étoit parti pour France aux premieres nouvelles de la révolution. Le comte de Peynier, gouverneur général, homme sans caractere, variant chaque jour dans sa conduite lorsqu'il est livré à lui-même, ou cédant à l'impulsion de ceux qui l'approchent, avoit perdu dans le sieur de Marbois son conseil et son guide. Dans cette position, il avoit paru se tourner du côté des citoyens, et avoit assisté plusieurs fois aux séances du comité provincial de l'ouest, après avoir prêté solemnellement, le 15 janvier, *le serment de ne jamais faire marcher les troupes contre les citoyens, si ce n'est à la requisition des officiers municipaux, ou du comité à leur défaut.* Il avoit ensuite reconnu la légalité de l'assemblée générale, s'y étoit rendu le 29 avril, y avoit fait sa profession de foi de concourir avec elle au bien de la colonie par tous les moyens qui dépendoient de lui.

Pendant qu'elle s'en occupoit, le décret rendu, le 8 mars, par l'assemblée nationale concernant les colonies, étoit parvenu à Saint-Domingue. Ce décret y avoit excité la reconnoissance générale pour la protection et la sauvegarde accordées aux propriétés des colons : mais il laissoit encore beaucoup à desirer pour eux ; la crainte que les alarmes qui l'avoient nécessité ne se renouvellassent sous les législatures suivantes, la différence des lieux, du climat, des propriétés et du genre de population , leur démontroient la nécessité de faire *eux-mêmes* les loix sur *leur régime intérieur.* Ces vérités avoient été déja senties par l'assemblée générale , et avoient donné lieu à son décret du 28 mai, qui fixe les bases *constitutionnelles* de la partie françoise de Saint-Domingue et les envoie à *l'acceptation* de l'assemblée nationale et du roi.

Ce décret, que l'on peut regarder comme le boulevard des propriétés de Saint-Domingue, servit de prétexte à l'insurrection de l'assemblée provinciale du nord, qui, depuis son établissement, s'étoit emparée de tous les pouvoirs et ambitionnoit une suprématie sur tout le reste de la colonie. Cette assemblée, composée en partie de *gens de robe*, avoit eu beaucoup à se plaindre d'un décret de l'assemblée générale, du 14 mai, qui réformoit des abus criants dans l'ordre judiciaire. Le vrai moyen pour en anéantir l'effet étoit de s'opposer à ce que la colonie fît ses loix sur son *régime intérieur.* Le décret du 8 mars fut donc mis en avant, et dès lors l'assemblée du nord n'épargna rien pour faire dissoudre l'assemblée générale : elle crut en avoir trouvé les moyens dans le décret de l'assemblée nationale, du 28 mars, qui laissoit au choix des paroisses dans les colonies de confirmer ou d'annuller leurs assemblées coloniales. Tout fut mis en œuvre auprès des paroisses de Saint-Domingue lorsqu'elles se convoquerent à cet effet ; arrêtés , imprimés qui dénoncent l'assemblée générale comme opposante aux décrets de la nation, lettres séduisantes , envoi de commissaires , rien ne fut oublié. Mais non seulement ces efforts ont été vains, et l'assemblée générale a été confirmée, à la très grande majorité des paroisses (confirmation proclamée par le comte de Peynier le 13 juillet), mais encore la plupart des paroisses du nord ont retiré les députés qu'elles avoient auprès de l'assemblée provinciale. Celle-ci, pour se renforcer, s'étoit liguée avec le pouvoir exécutif, qu'elle s'étoit d'abord subordonné, mais auquel elle se subordonna à son tour. Le comte de Peynier, qui, dans le principe, avoit vu avec étonnement les entreprises de l'assemblée provinciale et les avoit dénoncées au ministre de la marine (sans néanmoins déployer contre elle les forces qui étoient entre ses mains), flatté ensuite par celle-ci, se laissa bientôt aller à ses insinuations. Mais ce gouverneur, en manifestant des sentiments contraires aux vues de l'assemblée générale, se contentoit alors de les désapprouver, s'en rapportant à ce qui seroit décrété à cet égard par l'assemblée nationale.

Le décret du 8 mars autorisoit l'assemblée coloniale à établir les municipalités d'après les décrets de l'assemblée nationale, avec les *modifications que les convenances locales* exigeroient : l'assemblée générale avoit, d'après ce principe, rendu, le 20 mai, un décret portant organisation des municipalités à Saint-Domingue ; celle du Cap, établie précédemment par l'assemblée provinciale du nord, fut confirmée en par elle se conformant à la nouvelle organisation.

Dans le mois de juin suivant, arrive à Saint-Domingue le sieur du Plessis Mauduit, colonel du régiment du Port-au-Prince, homme ambitieux, entreprenant, que les papiers publics de France ont peint comme ennemi de la révolution, et qu'un voyage récemment fait à Nice et à Turin avoit rendu très suspect. Avec de l'adresse et du manege, il s'empare bientôt de l'esprit du gouverneur, qui change encore de plan de conduite. Dès ce moment, le comte de Peynier, stimulé par le sieur Mauduit, non seulement heurte de front tous les travaux de l'assemblée générale et refuse de faire mettre à exécution le décret même des municipalités, mais encore il déclare hautement, et dans *des écrits imprimés*, qu'il va prendre des *mesures pour réprimer les écarts des représentants de Saint-Domingue*, et s'annonce comme *dépositaire de la volonté publique.*

Ces *mesures* se manifesterent bientôt dans la ville du Port-au-Prince. Lors de l'assemblée de paroisse, du 13 juin, qui a maintenu l'assemblée générale, l'église où se tenoit la séance avoit été investie par des soldats armés. Le sieur Coustard, commandant en second (1), à la tête de l'état major et des officiers du régiment, entouré d'officiers de justice, de commis des bureaux du gouvernement et de l'intendance, de gens attachés à l'administration et tous à la solde du public, avoit voulu se rendre maître de la délibération : mais la

____

(1) Le sieur Coustard ne se ressouvenoit pas sans douleur qu'il avoit été *mandé* par l'assemblée générale en raison d'abus d'autorité dont il étoit accusé, et avoit été obligé de comparoître à la barre de l'assemblée le 26 avril précédent.

fermeté du comité provincial, aidé des citoyens, dont les droits étoient si ouvertement attaqués, étoit parvenu à expulser cette faction, qui cependant ne s'endormit pas, ainsi qu'on va le voir.

La plus grande partie des paroisses, donnant une adhésion formelle aux travaux de l'assemblée générale, mettoient d'elles-mêmes à exécution son décret portant établissement des municipalités, et affermissoient ainsi la régénération publique. Les officiers municipaux étoient déja nommés dans *plus de la moitié de l'isle*. La coalition formée entre le gouverneur et l'assemblée provinciale du nord se manifesta alors de la maniere la plus authentique. Le gouverneur s'étoit refusé à l'établissement des municipalités. L'assemblée du nord forme, à son tour, le hardi projet de détruire la municipalité du Cap, dont les membres, choisis par le peuple, n'avoient d'autre crime que de recevoir avec respect les procès verbaux de l'assemblée générale. Elle persuade aux citoyens de cette ville que la municipalité est un corps *despotique*, et que le peuple a le droit de l'anéantir. Les intrigues de l'assemblée, ses émissaires envoyés dans tous les districts, les manœuvres des agents des pouvoirs exécutif et judiciaire, parviennent à renverser l'édifice sur lequel l'assemblée nationale a assis la régénération du peuple françois. Parvenir au même but dans le reste de la colonie, c'étoit la replonger dans les fers du despotisme qu'elle venoit de secouer : mais cet évènement ne pouvoit avoir lieu dans les circonstances mêmes où les paroisses montroient de l'énergie, sans que le feu de la guerre civile ne

s'allumât. Les horreurs de la guerre civile entraî‑
noient la destruction de la colonie, et la destruc‑
tion d'une colonie dont les cultures et le com‑
merce tiennent à l'existence de six à huit millions
de François portoit un coup fatal au royaume.

Tel étoit le projet de *contre‑révolution* que les
suites ont manifesté. La municipalité alloit inces‑
samment s'établir au Port‑au‑Prince, et le comité
provincial avoit indiqué pour le premier de ce
mois l'assemblée de paroisse qui devoit en nom‑
mer les officiers. On cherche aussitôt à en imposer
aux citoyens : sous prétexte d'exercer les troupes,
le colonel Mauduit leur fait faire journellement
des promenades militaires dans les rues, leur fait
charger les armes avec affectation devant les ci‑
toyens ; des patrouilles menaçantes, des canons
dirigés sur la ville et sur les avenues, toutes les
poudres transportées dans les casernes, des corps‑
de‑garde placés dans différents postes et notam‑
ment dans la maison du colonel, tout annonce
qu'on veut soumettre l'opinion par la force des
armes ; le particulier ne peut plus paroître dans
les rues sans être exposé aux insultes du militaire.
Le gouvernement rallie alors sous sa bânniere
une cohorte composée de membres du conseil su‑
périeur et autres officiers de justice, de commis
des bureaux, de gens attachés à l'administration,
d'hommes en un mot qui ont *tout à perdre* dans le
nouvel ordre des choses. A ceux‑là se joignent
quelques citoyens abusés par la promesse des
graces ministérielles, ainsi que quelques commer‑
çants à qui l'on persuade que le gouvernement
peut seul leur faire payer ce qui leur est dû ; et

quoique tous ces particuliers fussent classés dans les districts du Port-au-Prince et enrôlés sous les drapeaux patriotiques, le gouverneur, *au mépris des décrets de l'assemblée nationale*, autorise cette nouvelle corporation qui prend le nom de volontaires, avec la marque distinctive d'un *pompon blanc* au chapeau ; il fait arrêter par six grenadiers le tambour major des troupes patriotiques, qui, par ordre du comité provincial, publioit un arrêté portant défense à tout citoyen de quitter ses drapeaux pour former aucune corporation (1). Le colonel Mauduit, à la tête d'une compagnie de son régiment, protege la maison où les prétendus volontaires s'assembloient pour leur formation : il y est admis, et assiste à un serment insidieux, signal de la guerre civile.

Pendant qu'au Port-au-Prince, pour intimider les citoyens, on fait des préparatifs hostiles, une autre arme bien plus dangereuse est employée contre les représentants du peuple. La calomnie enfante dans les casernes une dénonciation qui livre les chefs du comité au pouvoir judiciaire, à ce même pouvoir armé contre les citoyens. Deux soldats, encouragés par *l'appât*

---

(1) Il est à observer que cet arrêté avoit été pris dans le mois de *mars* précédent, et que *le gouverneur assistoit à la séance du comité où il a été pris*. Le même gouverneur avoit coopéré à la formation des districts en leur faisant délivrer des armes du magasin du roi. Il avoit ensuite assisté à la bénédiction des drapeaux. Les registres du comité provincial attestent ces faits.

de leur congé et d'une somme d'argent, déclarent qu'il existe un complot pour faire déserter le régiment et assassiner les sieurs de Peynier et Mauduit, et le président du comité est annoncé comme chef de la trame. Le colonel le dénonce au gouverneur et le gouverneur au ministere public. On instruit la procédure avec appareil ; mais le président du comité provincial à qui on vouloit inspirer de la terreur et faire prendre la fuite, déconcerte par sa fermeté les calomniateurs ; il ne leur reste plus que la honte d'une entreprise sans succès , et le colonel est contraint de justifier, par la voie de la gazette, la promesse qu'il avoit faite par écrit aux deux soldats de leur congé et d'une somme d'argent (1).

Cependant les paroisses s'alarment des préparatifs hostiles faits au Port-au-Prince ; plusieurs s'arment, d'autres font éclater leur indignation. Il suffit de rapporter l'arrêté de la commune du *Petit-Goa*, du 19 Juillet. Après avoir présenté le tableau énergique de ce qui se passe, la commune ajoute:

« Les projets du comte de Peynier ont éclaté,
« et ce sont nos concitoyens du Port-au-Prince
« qui doivent être les premieres victimes de sa
« fureur insensée. Soutenu dans ses noirs des-
« seins par un de ces vils suppôts des aristocra-
« tes, qui en France avoient juré la perte de la
« monarchie, par celui qui promettoit la des-

---

(1) Les affiches américaines rapportent l'écrit contenant la promesse, et la justification du colonel.

« truction de l'assemblée nationale (1), par celui
« que la France a vomi de son sein, et qui après
« avoir été long-temps fugitif à la suite du Comte
« d'Artois, est revenu dans cette colonie avec
« un des officiers de ce Prince.

« Ce sont ces hommes, c'est le comte de Pey-
« nier et le sieur Mauduit qui ont juré notre
« perte ; ce sont eux qui ont déclaré la guerre à
« la partie françoise de Saint-Domingue ; ce sont
« eux enfin qui ont annoncé qu'ils avoient des
« moyens sûrs pour nous ramener à la raison,
« c'est-à-dire pour nous asservir de nouveau à la
« verge du despotisme.

« D'après toutes ces considérations, la com-
« mune dénonce au peuple françois, à l'assem-
« blée nationale et à l'assemblée générale de la
« partie françoise de Saint-Domingue, comme
« coupables de lese-nation, de soulévements,
« de divisions intestines, de calomnies *atroces*
« *contre les représentants du peuple françois de*
« *cette isle*, d'usurpations sur les droits de tous
« les citoyens, de préparatifs hostiles contre les
« habitants de la ville du Port-au-Prince, dans
« laquelle sont retranchées les troupes soldées,
« grossies d'une soi-disante corporation sous le
« nom de volontaires, qui insultent et outra-
« gent de concert et à la tranquillité publique,
« et enfin comme ENNEMIS PUBLICS les sieurs

---

(1) Ceci a trait à un propos attribué au colonel Mauduit, et mentionné dans le n° 40 des Révolutions de
Paris.

« comte de Peynier et Mauduit et leurs fauteurs,
« complices et adhérents , et déclare la com-
« mune les rendre responsables de tous les évé-
« nements qui pourroient résulter de leurs entre-
« prises *dans la contre-révolution* qu'ils annon-
« cent vouloir opérer dans toute la partie fran-
« çoise de Saint-Domingue ».

Pendant que les préparatifs hostiles se faisoient , le colonel Mauduit n'oublioit aucun
moyen de s'affectionner les soldats du régiment
qu'il vouloit rendre les instruments du projet
qu'il méditoit. Le vin répandu à grands flots
dans les casernes ; des repas fréquents auxquels
étoient appellés les canoniers et équipages des
bâtiments du roi ; des orgies auxquelles le colonel présidoit et qu'il encourageoit ; des lectures
de pieces supposées , faites pour enflammer l'i-
magination des troupes : tous ces moyens con-
duisirent au but qu'il s'étoit proposé de leur
faire faire en *chartre privée* un nouveau serment dont les termes n'ont été connus que par
la dénonciation faite à l'assemblée générale par
un sergent, un caporal et une partie du détachement en garnison à Saint-Marc. Ces militaires
se présentent, le 26 juillet, à l'assemblée générale, lui dénoncent que les sieurs de Ligneris ,
capitaine du régiment , et Brunet la Raque ,
lieutenant, se sont transportés du Port-au-Prince
aux casernes de Saint-Marc , et ont voulu y faire
prêter au détachement le serment suivant :

« Je jure au nom de l'honneur, par tout ce
« qu'il y a de plus sacré, d'être fidele à la na-
« tion, à la loi et au roi, de ne jamais abandon-

(14)

« ner les drapeaux du régiment et de *ne recon-*
« *noître en rien l'assemblée coloniale ni les mu-*
« *nicipalités*; consentant, si je manque au pré-
« sent serment, d'être réputé traître, de passer
« par un conseil de guerre et d'*être pendu*».

Cet attentat excite l'indignation générale de
l'assemblée qui en renvoie la poursuite au tri-
bunal de justice (1); mais toutes les machina-
tions qui se trament lui font sentir en même
temps que la colonie est perdue si les troupes
payées par elle et consacrées à sa défense in-
térieure sont employées contre les citoyens, et
réfusent de marcher à la réquisition des municipalités. L'exemple de la généreuse milice pa-
risienne lui devient utile. Par un décret elle
change l'organisation des régiments du Cap et
du Port-au-Prince, qu'elle convertit en *gardes*
nationales soldées avec une augmentation de
paie. La connoissance de ce décret répand l'allégresse dans le détachement de Saint-Marc, qui
s'enrôle aussitôt sous la nouvelle dénomination.

Cet acte de vigueur déconcerte un instant les
projets du gouverneur; il assemble son conseil
composé des sieurs Constard; Mauduit; de
Cournoyer, lieutenant-colonel du régiment; de
la Merveillere, directeur des fortifications; de
la Galissonniere, commandant des forces navales; et de la Jaille, commandant de la frégate

______

(1.) Le formulaire du serment et la dénonciation ont
été remis au procureur du roi de Saint-Marc, qui en a
rendu plainte pardevant la sénéchaussée.

l'engageante (1). Ce conseil décide qu'il n'y a plus de temps à perdre. L'exemple du détachement de Saint-Marc pouvoit et devoit entraîner le surplus du régiment, lui en dérober la nouvelle, le faire marcher sans délai contre les citoyens pour l'accoutumer à en verser le sang, attaquer le comité provincial et les gardes nationales des districts; les vaincre par le fer et le feu, et forcer ceux qui échapperoient au carnage à se soumettre à l'ancien régime; faire marcher le régiment du Cap et les stipendiaires de l'assemblée du nord contre l'assemblée générale; la dissoudre; se saisir, s'il est possible, des représentants de Saint-Domingue; aller ensuite de municipalité en municipalité, les anéantir toutes; combattre les citoyens courageux qui tenteroient de s'opposer aux efforts du despotisme; mettre ainsi la colonie en combustion. Voilà le plan que des lettres *interceptées* prouvent avoir été concerté entre le gouverneur, les différens commandants du Cap, du môle et les officiers de la marine royale, au mépris de leurs serments, de ne jamais employer contre les citoyens les troupes qui sont sous leurs ordres.

Tout fut disposé pour se saisir d'abord du comité provincial de l'ouest et anéantir les gardes nationales des districts du Port-au-Prince. Le sieur de la Galisonniere promet les secours du

______

(1) La connoissance de ce conciliabule a été acquise par l'interception de plusieurs lettres de M. de Peynier au ministre.

vaisseau le *léopard* et de la frégate l'*engageante*, mouillés dans la rade du Port-au-Prince : des canoniers et des hommes armés devoient se rendre dans les différens forts de la ville. Le plan d'attaque écrit de la main du sieur de France, lieutenant de vaisseau, a été trouvé à bord du *léopard*, dans les papiers du sieur de la Galissonniere. L'équipage de ce vaisseau n'avoit pas vu sans effroi tout ce qui se tramoit depuis quelques jours contre la ville, il avoit refusé d'assister aux orgies des casernes, auxquelles il avoit été invité ; il avoit résisté aux instances même que son capitaine lui faisoit à cet égard (1), et avoit annoncé assez hautement qu'il ne se prêteroit jamais à aucun acte d'hostilité contré les citoyens qu'il secourroit au contraire de toutes ses forces.

Le sieur de la Galissonniere ne fut pas peu surpris de ces dispositions de l'équipage, et aussitôt de concert avec le gouverneur, il prend le parti d'éloigner le vaisseau du Port-au-Prince ;

___

(1) Extrait d'une lettre interceptée, écrite le 28 juillet par M. de la Jaille à M. d'Hector : « Les grenadiers et « chasseurs du régiment voulurent rendre aux canonniers « des bâtiments du roi l'honnêteté qu'ils avoient reçue « *de ceux de l'Engageante* : ils inviterent à leur fête les « canonniers de la Levrette, du Curieux et du Léopard ; « ces derniers seuls refuserent, quelque instance qui leur « en fût faite par leurs camarades *et par M. de la Galis-* « *sonniere lui-même.* »

les citoyens de cette ville en instruisent l'assemblée générale, et la supplient de retenir le vaisseau pour garantir la ville de l'oppression dont elle est menacée. « Par un décret, l'assemblée géné-
« rale requiert, au nom de l'honneur, du pa-
« triotisme, de la nation, de la loi, du roi, et
« particulièrement de la partie françoise de Saint-
« Domingue, l'officier commandant le vaisseau
« le Léopard, de ne point quitter la rade du Port-
« au-Prince, et de ne pas priver la partie fran-
« çoise de Saint - Domingue , des forces navales
« destinées à sa défense (1) ».

Le 28 juillet ce décret est apporté au vaisseau par deux officiers de la garde nationale du Port-au-Prince, commis à cet effet. Le sieur de la Galissonniere instruit de leur mission , les force de s'éloigner du bord , sans y monter , en disant au caporal qui les annonçoit : *Chassez-moi ces gueux-là.* (Ces faits sont constatés tant par le procès-verbal de ces commissaires, que par celui de l'équipage du vaisseau). Mais la nouvelle du décret étoit déjà parvenue à l'équipage. Celui-ci est d'autant plus déterminé à y obéir, que le même jour à huit heures du soir, il est informé que la frégate l'*Engageante*, commandée par le sieur de la Jaille, vient d'envoyer au fort Lislet deux canots chargés de matelots et canoniers, armés de sabres, pistolets et fusils, pour renforcer la troupe de terre. Le sieur de la Galissonniere s'apperçoit alors que tout est découvert; il

____

(1) Ce sont les termes du décret.

écrit aussi-tôt au comte de Peynier, à neuf heures et demie du soir. « Mon général, j'attends avec « impàtience d'être à même de donner l'ordre « de *virer*, vous jugez bien que je ne le donne-« rai pas, si je prévois être formellement déso-« béi ; *tout seroit perdu*. Ce qu'il y a de singu-« lier, c'est l'envoi que M. de la Jaille a fait de « quinze hommes au fort Lislet *qui a tout* « *achevé de perdre*. L'équipage en a eu connois-« sance par un canot que j'ai été obligé d'envoyer « à bord de la frégate ; dès lors, il a pris unani-mement le parti de refuser d'appareiller. *Ne* « *prenez aucunes mesures* HOSTILES *d'ici à de-* « *main*, etc. ». La copie de cette lettre a été trouvée dans les papiers du sieur de la Galissonniere, ainsi que le billet suivant, écrit et signé du comte de Peynier, daté de quelques jours précédents : « Je vous prie, mon cher la Galis-« sonniere, de vous rendre à terre à trois heures « au gouvernement, et de garder votre canot. « Vers les six heures du soir, vous aurez trois « canots à la calle de l'horloge, dont deux AR-« MÉS SANS QUE CELA PAROISSE ».

Cependant M. de la Galissonniere, pour vaincre la résistance de son équipage, emploie les prieres, les menaces, et lui peint le comité provincial, et les citoyens des districts, comme des factieux qui veulent se rendre indépendants. L'é-quipage lui répond : « Si le comité et les citoyens « veulent se rendre indépendants, nous devons « *rester* pour conserver la Colonie à la nation ; « si au contraire, on veut les opprimer, nous « devons *encore rester* pour leur donner du se-

« cours. » Cette réponse, digne d'être consacrée dans l'histoire, irrite le capitaine et plusieurs officiers de l'état-major qui abandonnent le vais-seau.

Sa résistance ne fait que retarder d'un jour les projets hostiles qui se tramoient contre le comité provincial, et les citoyens des districts. On prend alors des mesures contre le vaisseau même; de nombreux détachements sont placés sur les forts, on en fait lever les canons, on apprête les bombes et les boulets rouges pour les diriger sur le vaisseau (1).

Le même jour, 29 juillet, arrivent au Port-au-prince, deux citoyens de la garde nationale de la ville des *Cayes*: ils étoient porteurs d'un paquets du comité paroissial de cette ville, adressé au comité provincial. Dans ce paquet, étoient renfermées des dépêches ministérielles, adressées au comte de Peynier, et récemment arrivées aux Cayes, par l'aviso le *Serein*; les circonstances avoient déterminé le comité à prendre connoissance de ces dépêches, et n'y ayant trouvé que des nouvelles satisfaisantes en date des 11 et 12 juin, il s'étoit empressé d'en envoyer des copies au

---

(1) Extrait de la lettre du sieur de la Jaille à M. d'Hector : « Je vous envoie un billet que M. de Peynier vient « d'écrire au capitaine de la frégate *l'Engageante*, qui « s'occupe dans ce moment à armer des gens de son « équipage le fort l'Islet et le fort Saint-Joseph, parce-« qu'on craint une coalition entre la ville et le vaisseau. »

comité provincial, et les originaux au gouverneur, avec expédition de son arrêté du 26 portant que « M. le général seroit engagé à se con-
« former aux *vues pacifiques* de notre bon roi,
« et à se départir *des faux principes* qu'il pa-
« roît avoir adoptés, et dont il demeurera per-
« sonnellement responsable, s'il y persiste, *mal-*
« *gré les ordres* qui lui sont donnés de la part
« du roi de s'en désister, et de faire tout ce que
« les circonstances exigeront pour *maintenir la*
« *paix et l'union*, dans le pays qu'il a l'honneur
« de commander ».

Telle étoit en effet la substance de ces dépêches : suppression de toute marque distinctive, *et de tout signe qui seroit propre à manifester des divisions et des partis entre les citoyens*, établissement *de la plus grande harmonie entre ceux-ci et les troupes réglées, ordre au gouverneur de se prêter à toutes les fédérations qu'ils voudroient faire les uns avec les autres;* regrets dans le cas où l'assemblée coloniale n'auroit pas eu lieu, et dans le cas contraire, recommandation au gouverneur de se guider par le vœu de cette assemblée. Voilà les intentions paternelles de sa Majesté, que le ministre manifestoit au comte de Peynier.

Les porteurs de ces dépêches étoient arrivés à dix heures du soir. Le comité provincial, dont les séances ordinaires se tenoient dans une salle au-dessus du corps-de-garde national, s'assembla *extraordinairement* chez M. Duchemin, un de ses membres, où la lecture publique de ses pieces, en répandant l'allégresse dans les cœurs des citoyens présents leur fit croire que ces nouvelles intéressantes obligeroient le gouverneur à cesser ses préparatifs hostils; mais l'événement prouva le contraire.

La tenue du comité que l'on croyoit réuni dans la salle ordinaire de ses séances, parut au colonel Mauduit, une circonstance d'autant moins à négliger, qu'une seule attaque suffisoit alors pour se saisir du comité provincial, et détruire en même-temps le corps-de-garde national, où le danger des circonstances, et la crainte d'une insulte avoient attiré l'état-major des districts, et une garde plus forte qu'à l'ordinaire. En conséquence, tout est disposé non-seulement pour l'attaque mais encore pour empêcher qu'aucun secours ne parvienne aux citoyens. Tout le régiment est sur pied, des pelotons de soldats sont placés à tous les carrefours; tout particulier qui paroît dans une rue, a ordre de rentrer, sous peine d'être tué; un détachement s'empare des portes de l'église, pour empêcher que l'on ne parvienne aux cloches et qu'on ne sonne le tocsin.

Enfin, au milieu des ténebres de la nuit, et à la suite d'une orgie dans sa propre maison, le colonel Mauduit, à la tête des grenadiers du régiment, commandés par le sieur Campan, et de la compagnie des chasseurs, suivi d'une troupe de volontaires à *pompon blanc*, se met en marche avec quatre canons de campagne chargés à mitrailles; il divise ensuite sa troupe en deux corps, le premier arrive au coin de la rue des *frontforts*; la sentinelle postée en avant du corps-de-garde national, entendant le bruit de cette troupe qui paroissoit vouloir entrer dans la rue dauphine, où est situé le corps-de-garde, crie : *qui vive*? et sur la réponse de cette troupe, un caporal, et quatre citoyens de la garde nationale se présentent pour recevoir le mot d'*ordre* qui leur est donné par ce détachement; mais au lieu de continuer sa marche, il se range en bataille au carrefour des deux rues, en cernant la rue dauphine.

Peu de temps après, le second corps se présente du côté opposé au coin des rues bonnefoi et dauphine; la sentinelle crie, le mot d'ordre est demandé et reçu; et la troupe aussi-tôt rangée en bataille, fermant la rue dauphine, de sorte que le corps-de-garde national se trouvoit ainsi bloqué entre les deux troupes.

Le sieur Nicolas, capitaine général des districts, prévoyant moins le danger qui menaçoit les citoyens, que l'insulte qu'il ne doutoit pas que l'on avoit dessein de faire aux gardes nationales, donne ordre aussi-tôt au sieur de la Souchere-Riviere, major général, de se transporter avec un détachement de la garde nationale dans la salle haute, destinée aux séances du comité provincial, pour y garantir les drapeaux qui y étoient déposés. Il se dispose lui-même avec le surplus de la garde à repousser l'insulte.

Mais voyant l'inaction des deux troupes qui restoient sans mouvement, il sort, et se présente à l'officier qui commandoit un des deux détachements, et lui demande pourquoi il est là. Sur la réponse de celui-ci : *Que tels sont ses ordres*, le capitaine général ajoute : avez-vous dessein de nous livrer bataille et de nous égorger? A quoi l'officier lui répond avec dissimulation : *Dieu nous préserve de pareils sentiments !*

A peine le capitaine général a-t-il rejoint le corps-de-garde national, que les deux sentinelles sont désarmées par ordre du sieur Mauduit, les deux détachements se rapprochent sur le centre, et resserrent l'intervalle qui étoit entre eux et le corps-de-garde. Aussi-tôt le colonel Mauduit, entouré d'officiers, et précédé de sapeurs, se fait entendre, et crie à la garde nationale de *se rendre.* Elle répond, qu'elle *est à son poste et ne se rendra pas.* Dans le moment, le major général crie du haut de la galerie : *Citoyens , ne tirez pas,* et s'adressant à la troupe ennemie : « *Les citoyens* « *ne tireront pas les premiers* ». (1)

Le colonel Mauduit, qui , pour se disculper , eût desiré que le premier feu eût été fait par les citoyens, trompé dans son attente , voulut user de subterfuge; il fait aussi-tôt brûler trois amorces; mais sa ruse n'ayant aucun succès , il ne balance plus; les bataillons s'ouvrent, et les canons, cachés jusqu'alors, joignent leur feu à celui de la mousqueterie; les citoyens assaillis font leur décharge; mais la mitraille des canons, et le feu mieux dirigé d'une troupe expérimentée les a bientôt mis en déroute; les soldats , la bayonnette au bout du

---

(1) Tous ces faits sont attestés par des procès verbaux dressés en bonne forme.

fusil, forcent le corps-de-garde ; le sieur Bourde-lier, capitaine des districts, intrépide et valeu-reux citoyen, veut leur résister ; il est percé de quinze coups de bayonnete, et la rage des soldats a peine à s'assouvir sur lui , même après sa mort, les corps de deux autres citoyens assassinés en même-temps (les sieurs Brogniars et Flandrin) sont foulés aux pieds, une vingtaine sont blessés, une trentaine faits prisonniers , et cruellement outragés par les soldats qui les pillent et les traî-nent aux casernes ; le surplus ne trouve plus de salut que dans la fuite : le capitaine général ainsi abandonné est forcé de prendre le même parti. Les furieux montent dans la salle haute, où le major général ne put long-temps défendre ses drapeaux, qu'il ne voulut point abandonner. Il fut fait prisonnier. Les drapeaux furent enlevés et traînés ignominieusement, les caisses des tam-bours brisées, les registres des gardes nationales , arrachés et emportés.

Les soldats entrent ensuite dans la cour, for-cent les appartements occupés dans le fond de cette cour par un traiteur très accrédité; ses meubles sont brisés , son argenterie enlevée ; le pillage et le butin sont la récompense pro-mise à cette troupe, payée par les citoyens qu'ils dépouillent ; elle s'en retourne avec sa proie, et ajoute à son atrocité *en faisant entendre le son des clarinettes et des cimballes.*

Le colonel Mauduit, furieux de n'avoir point trouvé les membres du comité, envoie aussi-tôt des piquets de soldats, chez les principaux d'entre eux pour se saisir de leurs personnes ;

mais le bruit de la scene horrible qui venoit de se passer les avoit éveillés et mis sur leurs gardes. Ils ne purent être trouvés.

Toute la nuit, le reste des troupes et la corporation resterent sur pied dans les rues, arrêtant quiconque leur paraissoit du parti des citoyens. Le sieur Mauduit se rend au gourvernement où le gourverneur Peynier, les sieur Coustard, la Galissonniere et plusieurs officiers tant du régiment que de la marine et de la corporation, le reçoivent comme un héros qui vient de remporter la plus glorieuse victoire sur les ennemis de l'état, tandis que c'est *dans le sang des citoyens* qu'il vient de tremper ses mains, tandis que c'est avec *des troupes disciplinées, bien armées*, et *soutenues de canons* qu'il vient d'assiéger un corps de garde, ou plutôt, une simple maison bourgeoise défendue par une troupe de citoyens sans expérience, et mal armés. Il s'écrie en entrant : « général, vous voyez bien que ce n'est pas seule- « ment pour le conseil que je suis bon, » il s'é- tend aussitôt sur un canapé, où il reçoit les félicitations des assistants. (1)

A peine le jour eut il éclairé l'horrible scene de la nuit, que la consternation s'est répandue, dans tous les cœurs des citoyens ; beaucoup d'entre eux, craignant que la proscription ne devînt générale, se sont empressés de quitter la ville, et d'en emporter une partie de leurs ef-

---

(1) Un témoin digne de foi, présent à cette scene, a rapporté le fait et les paroles de ce colonel.

lets. Le pouvoir exécutif et militaire, les agens de l'administration et du pouvoir judiciaire, soutenus d'une corporation interessée à l'ancien regime, des soldats courant de maison en maison, et forçant le sabre à la main les citoyens enrôlés sous les drapaux des gardes nationales à remettre leurs armes, tout annonçoit que le despotisme alloit seul régner dans le port au prince. Le peuple n'avoit plus de réprésentants, le comité étoit poursuivi par le militaire, ses membres avoient été forcés de prendre la fuite; et, comme si une pareille oppression pouvoit être justifiée, le gouverneur a fait paroître ce même jour une proclamation dans laquelle il qualifie *d'attroupement nocturne*, la réunion des gardes nationales à leur corps de garde; il suppose que les membres du comité en faisoient partie (1) il va même jusqu'à dire, qu'il y en avoit eu *plusieurs* d'arrêtés, ce qui étoit démenti par le fait même : il cherche à justifier l'assassinat des citoyens en avançant qu'ils ont tiré *les premiers*, il cite les soldats tués ou blessés, et a grand soin de cacher au public la mort et les blessures d'un grand nombre de citoyens, enfin de *son autorité absolue*, il casse le comité provincial, créé par les représentants de la partie de l'ouest.

Le gouverneur ne s'en tient pas à cet acte.

----

(1) Le sieur Isnardy, citoyen paisible, est le seul membre du comité qui se trouvoit au corps-de-garde, où il étoit lui-même de service.

Il fait paroître, le même jour 3o Juillet, une seconde proclamation en date de la veille ; dans
laquelle, oubliant qu'il a lui-même, *dix sept*
jours auparavant, *proclamé*, dans toute la Colonie, le vœu des paroisses qui *maintient* l'assemblée générale et adhere à ses travaux, que
trois jours après il a écrit à l'assemblée *pour lui*
annoncer cette proclamation, et l'assurer qu'il
seroit empressé de concourir avec elle au bien
public, oubliant ces circonstances intéressantes,
il accuse cette même assemblée, d'avoir voulu
se rendre *indépendante* dès *son principe*, et
d'avoir continué à agir en conséquence ; s'éri-
geant ensuite lui-même, tout-à-coup en JUGE
SOUVERAIN DES REPRESENTANTS du peuple
françois de S. Domingue, il les déclare eux
et *leurs adhérents traîtres à la patrie, et cri-*
minels envers la nation et le roi ; *il casse*
l'assemblée générale, déclare qu'il va faire
marcher les troupes contre elle, ordonne à
tous les officiers *pour le roi*, de le seconder
avec les forces qu'ils ont en mains ; *enfin*
invite les citoyens qui restent fideles à la na-
tion, à la loi et au roi, à se réunir à lui
pour concourir à sauver la patrie.

Cette proclamation devenoit le signal de la
guerre civile : en effet la grande majorité des
paroisses avoit confirmé l'assemblée générale,
et *adhéré* à ses travaux et à ses principes ;
comme *adhérens* à l'assemblée générale, les
citoyens de ces paroisses sont déclarés par le
gouverneur *traîtres à la patrie et criminels*
envers la nation et le roi. D'un autre côté la

ville du Cap , et quelques paroisses déterminées par des intérêts particuliers avoient voté pour la dissolution de l'assemblée générale ; (1) Le Gouverneur les appelle *fideles à la nation, à la loi et au roi* ; et les invite à se réunir aux *forces militaires*, qu'il a à sa disposition : et qu'il va déployer contre l'assemblée générale et ses *adhérens :* ainsi d'après son invitation, les citoyens vont s'armer contre leurs concitoyens, les freres contre les freres. Déja dans le massacre de la nuit précédente, on avoit vu un fils blesser son pere d'un coup de fusil (2) : ainsi les troupes réglées , loin d'être invitées à se fédérer avec les gardes nationales comme le roi le prescrivoit , vont être mises en action contre elles ;

---

(1) Il seroit difficile d'assurer quel est le vœu de la majorité des citoyens du Cap au sujet de l'assemblée générale : lorsque les districts ont été convoqués pour le donner, il ne se trouva dans chacun d'eux qu'environ trente à quarante personnes , tandis qu'il est composé de trois à quatre cents. Les procédés violents des émissaires de l'assemblée provinciale en avoient écarté la plus grande partie des citoyens. Le sieur Tach , notaire , homme paisible et considéré , ayant voulu y plaider la cause de l'assemblée générale, a été tellement maltraité , qu'il en est mort peu de jours après.

(2) Le sieur Martin pere, honnête citoyen aubergiste, étoit de service au corps-de-garde national ; son fils, commis chez les sieurs Trottier et Micheveau, négociants, avoit comme ses bourgeois arboré le pompon blanc , et étoit à

tel étoit le résultat du plan déja combiné entre
le gouverneur, l'assemblée du Cap, et les agens
du pouvoir exécutif en cette ville : les événe-
ments subséquents le démontrent de plus en plus.

La nouvelle de l'horrible scene du 29 au 30,
ainsi que de la proclamation monstrueuse du
comte de Peynier, parvient à Saint-Marc, le 31.
Deux citoyens des districts échappés au massacre, viennent l'apporter eux-mêmes. L'indignation s'empare de tous les esprits ; la commune de cette ville se transporte à l'assemblée
générale, lui demande vengeance du sang de
ses freres, et jure à son tour de répandre jusqu'à la derniere goutte de son sang, pour défendre les représentants de Saint-Domingue.

Déja le sieur de Grimouville, commandant pour
le roi à Saint-Marc, avoit donné sa démission,
pour ne pas être l'instrument de l'oppression
de ses concitoyens ; son exemple est imité par
le sieur Bourdon de Trimont, officier d'administration chargé du service dans le département

---

l'attaque du corps-de-garde. La blessure que le pere
reçut irrita tellement la mere, qu'armée d'un sabre,
elle courut dès le lendemain chercher son fils pour le
poignarder : il fut obligé de se cacher. Dans le nombre des volontaires qui ont combattu contre les citoyens
et ont été blessés, on a remarqué le sieur Clarx, faisant
à cette époque fonctions de procureur-général au conseil supérieur, et un sieur chevalier des Brosses, officier
du comte d'Artois.

de Saint-Marc. « Oui, monsieur le président, di-
« soit le sieur Bourdon dans sa lettre à l'assem-
« blée, il n'est pas possible à tout ami de l'hu-
« manité d'entendre sans frémir d'indignation
« le récit des horreurs qui viennent de se pas-
« ser au Port-au-Prince ; agité, oppressé, du
« poids des attentats commis contre la liberté
« publique, je déclare solemnellement abjurer
« entre les mains de l'assemblée générale, un
« service qui m'attache à des relations avec un
« gouvernement qui a décidé le massacre de
« mes concitoyens ».

L'assemblée générale par un décret du même
jour « invite au nom de l'honneur, et du sa-
« lut de la patrie en danger, toutes les paroisses
« de la partie française de S. Domingue, d'ac-
« courir très promptement, au secours de leurs
« freres du Port-au-Prince, qu'on égorge ; dé-
« clare le comte de Peynier, et les sieurs Mau-
« duit, Coustard, Couznoyer, la Galissonniere
« et de la Merveillere (ses conseils) traîtres à
« la nation, ennemis publics, et comme tels
« *les proscrit* ».

Considérant ensuite qu'elle a été formée *d'a-
près le vœu libre du peuple*, maintenue par un
*second vœu, exprimé en exécution des décrets de l'as-
semblée nationale des 8, et 28 Mars*, elle rend un
second décret qui « déclare, incompétente,
« séditieuse et attentatoire tant aux décrets de
« l'assemblée nationale qu'aux droits des ci-
« toyens de la partie française de S. Domingue,
« la proclamation mensongere et despotique que
« le sieur comte de Peynier a osé publier le 29

« juillet dernier contre leurs représentants, et
« qu'il n'a rendu que pour autoriser les assassi-
« nats qu'il préméditoit de faire exécuter sur les
« citoyens dans la nuit suivante par le colonel
« Mauduit ; déclare que ce nouveau crime du
« comte de Peynier est d'autant plus punissable,
« qu'il l'a commis *au mépris des ordres du roi*, qui lui
« transmettent les dernieres dépêches du ministre
« en faveur des citoyens, des municipalités, et
« sur-tout de l'assemblée générale des représen-
« tants de la partie françoise de Saint-Domingue. «

« Enfin par un troisieme décret, après avoir
« relaté les crimes dont le comte de Peynier s'est
« souillé, elle déclare qu'il est et demeure des-
« titué, par le *seul fait*, du gouvernement de la
« partie françoise de Saint-Domingue ; fait dé-
« fense à qui que ce soit de lui obéir en cette
« qualité, sous peine d'être réputé complice de
« sa trahison ». Le décret relate ensuite les dé-
lits qui éloignent du gouvernement les sieurs de
S.-Vincent et Coustard, que l'ordonnance y ap-
pelloit après le sieur de Peynier. « L'assemblée
« déclare à l'unanimité que le commandement
« général de la partie françoise de Saint-Domin-
« gue est et demeure dévolu *provisoirement et jus-*
« *qu'à ce qu'il y ait été autrement pourvu par le roi*,
« à M. de Fierville, actuellement commandant
« particulier de la ville des Cayes, dont le pa-
« triotisme s'est fait connoître sans équivoque
« dans les circonstances critiques où se trouve
« cette colonie ».

Ces décrets sont reçus avec acclamation par
le peuple de Saint-Marc, qui fait aussitôt des

préparatifs pour opposer une vigoureuse défense à quiconque se rendroit en cette ville avec des projets hostiles. Le comité (et ensuite la municipalité installée six jours après) s'occupe jour et nuit des mesures convenables , et d'autant plus pressantes , que des nouvelles du Port-au-Prince annonçoient le départ de la frégate l'*engageante* , et ajoutoient qu'elle portoit des troupes contre Saint-Marc.

Sur ces informations , l'assemblée générale , instruite du patriotisme qu'avoit montré le vaisseau le *léopard* , nomme deux commissaires pour se transporter à son bord , dans la rade du Port-au-Prince. Ces commissaires partent de Saint-Marc le même jour 31 juillet.

Les préparatifs faits dans les forts du Port-au-Prince pour détruire le vaisseau mouillé auprès du fort l'Islet , la nouvelle que deux cents hommes devoient venir la nuit pour le surprendre , le départ subit de la frégate l'*engageante* ; toutes ces considérations avoient forcé l'équipage commandé alors par M. le baron de Santo-Domingo , chevalier de S. Louis , lieutenant en pied à bord dudit vaisseau , à prendre toutes les mesures nécessaires pour ne pas le laisser tomber au pouvoir des agents du gouvernement. En conséquence il l'avoit fait touer hors de la portée des boulets rouges et des bombes ; l'équipage avoit ensuite député au sieur de la Galissonniere pour l'inviter à venir reprendre son commandement , ainsi que les officiers qui étoient descendus. Mais le sieur de la Galisonniere avoit répondu par écrit à M. de Santo - Domingo : « Je ne me rendrai

« point à bord quoique l'équipage paroisse le
« desirer. J'ai perdu sa confiance ; dès lors je ne
« puis plus prétendre à le commander (1) ».

D'après cette réponse, les effets appartenants
tant au sieur de la Galissonniere qu'à ceux des
officiers de l'état-major qui avoient abandonné
le vaisseau, avoient été renvoyés, à l'exception
des papiers du sieur de la Galissonniere, dont la
visite fut faite à la demande de l'équipage, et
parmi lesquels ont été trouvées plusieurs lettres
qui démontrent, entre autres choses, la coalition du gouverneur, de ce chef de la station et
des autres officiers de la marine royale, commandants au Cap, aux Môles et aux Cayes, pour
empêcher ou contrarier de tout leur pouvoir
l'établissement des municipalités.

L'inutilité et le danger d'un plus long séjour
devant le Port-au-Prince, avoit déterminé le vaisseau à en appareiller le premier de ce mois, cinq
heures du matin, pour aller prendre à Saint-
Marc les ordres de l'assemblée générale, et se
rendre en France, attendu la fin de la station.

____

(1) Cette lettre, ainsi que tous les faits qui concernent
le vaisseau, ont été consignés dans un procès verbal dressé
à bord, et signé tant par M. le baron de Santo-Dominguo
et les officiers de l'état major, que par les officiers mari-
niers et tout l'équipage. Le surplus des faits déja rappor-
tés ou qui vont l'être sont tirés ou de procès verbaux ou
de pieces authentiques, déposés dans les archives soit de
l'assemblée générale, soit des comités paroissiaux, soit
enfin des municipalités.

Il est rencontré par le bateau qui portoit les commissaires de l'assemblée. Ceux-ci y sont reçus avec toute la considération due aux représentants de la colonie ; ils lui donnent connoissance tant des décrets de l'assemblée que des dépêches ministérielles récemment arrivées; les transports d'allégresse ne peuvent se contenir au récit des intentions paternelles du roi en faveur des citoyens de toutes les classes , parmi lesquels il s'efforce de maintenir la paix et l'union. Les cris de *Vive le roi! Vive la nation! Vive l'assemblée générale!* retentissent dans tout le vaisseau. Une députation composée d'un officier de l'état-major, de quatre maîtres et de quatre hommes de l'équipage, part dans le même instant sur le bateau des commissaires pour aller porter à l'assemblée générale l'offre des secours du *léopard* contre les ennemis de la colonie.

Cependant le vaisseau louvoyoit à l'entrée de la baie de Saint-Marc, dans l'éloignement il est pris pour la frégate l'engageante , et l'alarme se répand dans la ville; les mesures de défenses y étoient à peine commencées , l'assemblée générale qui siégeoit en cet instant, est aussitôt suppliée instamment par le comité de cette ville , de pourvoir à la sûreté des représentants de Saint-Domingue, jusqu'à ce que des mesures ultérieures lui permettent de la garantir. L'assemblée prend des précautions pour ses archives , et arrête d'aller continuer sa séance , au lieu dit *les Guêpes,* à une demi-lieue de la ville, où elle est escortée par la compagnie des gardes nationales soldées, par un grand nombre de citoyens, et en outre précédée et suivie de deux canons de campagne.

L'arrivée des commissaires et de la députation du vaisseau rassure les citoyens et ramene l'assemblée dans le lieu ordinaire de ses séances; la députation y est reçue avec de vifs transports de satisfaction : « Messieurs, a dit modestement « l'officier qui portoit la parole, nous avons rem- « pli nos devoirs et satisfait nos cœurs, en nous « unissant à nos freres, les bons citoyens de la « partie françoise de Saint-Domingue, nous som- « mes aux ordres de l'assemblée générale et nous « la soutiendrons de toutes nos forces, persuadés « que dans son maintien réside le salut de la co- « lonie, et que sauver la colonie c'est servir uti- « lement la France ». L'assemblée générale a décrété que le vaisseau *le Léopard*, seroit, dès ce jour, surnommé *le sauveur des François*, et que les noms, tant des officiers que du surplus de l'équipage, seroient inscrits sur ses registres.

Le même jour un brigadier de maréchaussée, déguisé en matelot, est arrêté par le sieur Coste, exempt. Il se trouve nanti d'un paquet renfermant deux lettres, l'une écrite par le sieur Cournoyer, lieutenant colonel du régiment du Port-au-Prince, et membre du conseil du gouverneur. Cette lettre adressée à l'officier qui commandoit ci-devant le détachement en garnison à Saint-Marc, lui faisoit le récit du massacre du Port-au-Prince, et l'on y lisoit cette phrase *atroce :* « *malheureusement* nos canons ne pouvoient se poin- « ter assez haut pour les joindre, il n'y a que la « mousqueterie qui l'ait pu ». Il ajoutoit: vous me verrez dans peu de jours à Saint-Marc, avec un détachement.

L'autre écrite par le sieur le Fievre, capitaine de la corporation des volontaires du Port-au-Prince, étoit adressée à la compagnie des volontaires de Saint-Marc, sous le couvert du sieur Raynaud, négociant, leur capitaine. Elle leur apprenoit la scene du 29 au 30 juillet, vantoit l'intelligence, l'intrépidité et le *sang-froid* du colonel Mauduit, annonçoit que 50 membres de la corporation se joindroient aux troupes du régiment qui marcheront contre l'assemblée générale, exhortoit enfin les volontaires de Saint-Marc à concourir de toutes leurs forces au succès de cette expédition.

Ces lettres lues à l'assemblée générale en présence du comité de la commune de Saint-Marc, les saisissent d'une nouvelle indignation ; le président du comité proteste sur le champ de la fidélité des volontaires, dont la compagnie avoit été créée dès les premiers moments de la révolution, renouvelle, au nom de la commune, le serment d'être fidele à *la nation*, à *la loi*, au *roi* et *à la constitution de Saint-Domingue*, et déclare que chacun des citoyens est déterminé à tout sacrifier pour le maintien de l'assemblée générale. Ces protestations se renouvellent le même jour par les officiers des troupes patriotiques de Saint-Marc, qui se rendent à cet effet à l'assemblée.

La commune s'assemble, et nomme un capitaine général pour commander et ordonner le plan de défense ; son choix tombe sur M. le marquis de Cadusch , ancien major de cavalerie, créole, dont les talents, le zele et le patriotisme font concevoir les espérances les mieux fondées. L'assemblée générale charge alors son comité *des douze* de surveiller les dangers qui la menacent, de se concerter avec la municipalité et le capitaine général, et de lui faire part de tout ce qui pourroit intéresser le salut public.

Le lundi, deux de ce mois, arrive à Saint-Marc un citoyen du Cap, qui en étoit parti en toute diligence : il venoit annoncer que le sieur de Vincent, commandant de la partie du nord, s'embarquoit le même jour sur la frégate la Vestale, escortant plusieurs bâtiments chargés de troupes et d'artillerie, destinés contre Saint-Marc. Les desseins de l'assemblée, qualifiée provinciale du nord, s'étoient enfin dévoilés. Irritée de la défection des paroisses du nord, dont plus des deux tiers, avoient retiré de son sein leurs députés, et avoient adhéré aux travaux de l'assemblée générale, plus vivement encore affectée du maintien de cette assemblée générale, elle n'avoit plus gardé de ménagement ; déja elle avoit forcé quatre commissaires de l'assemblée générale envoyés au Cap pour y rétablir *la paix et l'union*, à sortir de la ville sur le champ, *à peine d'être pris au corps et embarqués*, (tant elle craignoit qu'ils ne déssillassent les yeux des citoyens de cette ville). Déja au mépris des décrets de l'assemblée nationale des 8 et 28 mars, *qu'elle ne cesse néanmoins d'annoncer comme regle de sa conduite*, elle avoit, ainsi qu'il a été dit plus haut, fait casser par le peuple la municipalité de cette ville, confirmée par l'assem-

blée coloniale, et s'occupoit *elle-même* à en organiser une nouvelle, *après avoir tenté de lui substituer un lieutenant général de police*. Déja malgré
la proclamation du gouverneur qui promulguoit la confirmation de l'assemblée générale;
elle avoit fait publier un arrêté insidieux qui
faisoit défense à toute la partie du nord de la
reconnoître. Tous ces excès avoient déterminé
l'assemblée générale à rendre un décret qui en
maintenant la municipalité du Cap, prononçoit
la dissolution de la soi-disante assemblée provinciale du nord. Cet acte d'une autorité légitime excita toute sa fureur; le gouverneur à qui il fut
notifié, se garda bien de prêter la main à l'anéantissement d'une corporation qui lui étoit si nécessaire pour l'exécution de ses projets; il donne
au contraire ordre au sieur de Vincent, au sieur
de Cambefort, colonel du régiment du Cap, au
sieur de Moncabrier, commandant de la marine
royale audit lieu, enfin à tous ses subordonnés
de se concerter avec elle dans cette exécution.

L'entreprise la plus hardie, et dont le succès
devoit garantir celui de toutes les autres, étoit la
dispersion de l'assemblée générale. Le gouverneur
l'avoit annoncé par sa proclamation; mais la
mettre en exécution avec les *forces militaires* de
sa seule autorité, eût été un parti aussi dangereux qu'impraticable. Se faire *requérir* par des
citoyens de *marcher* contre elle et d'*accepter*
leurs secours à cet effet, étoit un coup de la
plus habile politique : le conseil du gouverneur
ne le négligea point; la ville du Cap lui en offroit
les moyens. Il savoit que beaucoup de citoyens

de cette ville, ou abusés par les manœuvres de l'assemblée provinciale, ou déterminés par des intérêts personnels, serviroient ses vues et se laisseroient entraîner : dès lors il paroissoit n'avoir qu'*accédé* aux desirs et à la réquisition d'une partie des citoyens, et en même temps il parvenoit à les faire marcher les uns contre les autres. Malheureusement pour lui les pieces interceptées et la mal-adresse de ses propres agents , ont prouvé cette intelligence secrete.

Le 3o juillet, les agents du pouvoir exécutiF s'étoient réunis à l'assemblée soit-disant provinciale, qui avoit arrêté, de concert avec eux, que douze commissaires , tirés tant de l'assemblée que des troupes patriotiques, s'embarqueront le lendemain pour se rendre au Port-au-Prince « y « porter *en corps* au gouverneur général le « vœu de *la province du nord*, et le requérir de « déclarer, *au nom de tous les citoyens de cette* « *province* , à l'assemblée de S. Marc que , *faute* « *par elle de s'être conformée aux décrets des* 8 « *et* 28 *mars, il a charge de la dissoudre.* » (1)

---

(1) Cette assemblée, qui n'étoit plus qu'un squelette d'assemblée provinciale , ou plutôt qu'une simple corporation émanée du Cap et de quatre ou cinq paroisses , avoit tort de s'annoncer pour l'interprete du vœu de la province du nord, composée de vingt-six paroisses , et de parler au nom de tous les citoyens de cette province.

Elle écrivoit dans une lettre du premier août, qui a

C'étoit le 31 Juillet que les commissaires s'é-
toient embarqués. Ils ne pouvoient arriver, et ne
sont réellement arrivés que le 3 de ce mois après
midi au Port-au-Prince ; et cependant, dès le 2,
la frégate la Vestale, commandée par le sieur
Montcabrier, et deux bâtiments marchands, partent du Cap, portant le sieur de Vincent et les
troupes destinées contre S.-Marc. La députation,
dont on devoit au moins paroître ignorer le succès, n'étoit donc qu'un effet de la connivance
d'entre le gouverneur, l'assemblée du Cap, et le
sieur de Vincent, qui devoit faire marcher les
troupes de cette partie ; ce qui est encore démon-
tré par un billet écrit, le 28 juillet, de la main
du comte de Peynier, et adressé au sieur de la
Jaille, commandant l'Engageante : « Les lettres
« du Cap de M. de Vincent, dit ce gouverneur,
« marquent qu'il n'a aucun secours à donner que
« les quarante hommes qui sont au Fort-Dau-
« phin ». Ces secours lui avoient donc été deman-
dés par le gouverneur. Enfin, dans la lettre que
le sieur de Vincent a adressée à la commune de
S.-Marc, et dont il sera ci-après parlé, il dit qu'il
a *des ordres précis de son général* pour se rendre
à S.-Marc. Le sieur de Vincent étoit en même
temps l'agent de l'assemblée du Cap : ils étoient
donc d'accord, et la députation n'étoit donc qu'un
vain simulacre.

été interceptée : « Nous avons envoyé au général douze
« commissaires, dont quelques uns seront employés à des
« missions particulieres auprès des paroisses voisines ».

La nouvelle de l'armement fait au Cap par la coalition du gouverneur et de l'assemblée de cette ville, est suivie, le même jour 2 de ce mois, de l'annonce de trois commissaires du bourg des Gonaïves, qui viennent au nom de quatre-vingts citoyens de cette paroisse offrir leurs secours à l'assemblée générale. Elle reçoit en meme temps avis du comité *des Verettes*, que les habitants de cette paroisse sont en marche pour se rendre à S.-Marc. Ils y sont bientôt suivis de ceux de *la petite riviere.*

Dans l'après midi, le vaisseau mouille dans la rade de Saint-Marc, M. de Santo Domingo se présente à l'assemblée générale, où il est reçu au milieu des applaudissemens sans nombre, et des cris de *vive la nation, vive le Roi, vive Santo-Domingo, et l'équipage du vaisseau le Léopard,* que faisoient retentir tant les membres de l'assemblée qu'une affluence prodigieuse de citoyens qui occupoient les galeries ; M. le Président a loué son patriotisme et son dévouement au salut de Saint-Domingue, qui voyoit à la tête de ses libérateurs un de ses enfans, portant *son propre nom* (1). Il a ajouté : « Nous avons été calom- « niés ; on nous a accusés de vouloir briser les « liens qui nous unissent à la France ; mais vous « avez rendu justice à nos sentiments ; vous vous « êtes joints à nous pour défendre notre liberté.

---

(1) M. de Santo-Domingo est créole, des mots espa-gnols *Santo - Domingo* , ont été formés ceux françois Saint-Domingue.

« Il viendra un jour (et il n'est peut-être pas
« éloigné), où la partie françoise de Saint-Do-
« mingue rentrera dans toute la plénitude des
« droits dont nos freres d'Europe sont déja en
« possession ; alors vous viendrez jouir de notre
« triomphe ; vous partagerez notre bonheur ;
« alors les citoyens de cette belle contrée-se di-
« ront : Nous sommes heureux, et nous le de-
« vons au courage et aux travaux de l'assemblée
» générale, nous le devons au généreux équi-
« page du vaisseau le Léopard, *sauveur des Fran-*
« *çois;* nous le devons au baron de Santo Do-
« mingo. »

MM. Croisier, président, et Duchemin, membre du comité provincial de l'ouest, échappés aux
recherches du gouverneur, arrivent ce jour à
Saint-Marc, et reçoivent dans le sein de l'assemblée générale où ils sont admis au bruit des ac-
clamations du peuple, un dédommagement des
persécutions qu'ils éprouvent pour la cause publique.

Le mardi 3, sur le bruit qui s'étoit répandu que
le comité *des douze* devoit engager l'assemblée
générale à se transporter aux Cayes sur le vaisseau le Léopard ; les citoyens tant de Saint-Marc
que des autres paroisses qui s'y étoient rendus,
accourent dans son sein et la supplient de ne
point quitter la ville, renouvellant leur serment
de répandre jusqu'à la derniere goutte de leur
sang, pour empêcher qu'elle ne soit dissoute.
L'assemblée reçoit avec sensibilité ces nouveaux
témoignages de patriotisme de la part de ceux
qui avoient été à portée de suivre ses travaux, et

continue *au milieu des préparatifs de guerre*, à s'occuper de l'organisation des assemblées de département de Saint-Domingue.

On apprend le même jour que la difficulté de trouver des citoyens qui voulussent se joindre aux troupes réglées destinées contre Saint-Marc, avoit déterminé les chefs des troupes patriotiques du cap à les faire tirer au sort ; mais que les cent grenadiers patriotes, sur qui le sort étoit tombé, avoient refusé de s'armer contre leurs concitoyens ; de sorte que les troupes patriotiques embarquées, consistoient en 300 hommes de de la corporation des volontaires, auxquels on avoit joint cent *negres* et *mulâtres libres*, et les troupes réglées, en deux cents hommes tant du régiment du Cap que du corps d'artillerie avec quatre pieces de canons. On est en même temps informé que plusieurs paroisses du nord instruites des projets hostiles du Cap contre l'assemblée générale, s'arment pour aller à sa défense.

En effet le lendemain 4, un détachement des troupes patriotiques de Plaisance, commandé par MM. de la Touraudais et d'Arrigrand, arrive à Saint-Marc, après avoir marché jour et nuit pour s'y rendre ; il est bientôt suivi de celui du Port-Margot, paroisse éloignée de trente-cinq lieues ; sous le commandement de M. Landais de Longchamp. Les jours suivans voient arriver ceux du Gros-Morne et du Port-de-Paix, commandés par MM. de Cressac et Flanet de Vieuxbourg ; ces différens corps envoyés *par des paroisses du nord* se présentent à l'assemblée générale, et lui apportent les délibérations de ces paroisses qui, adhérant de nouveau aux travaux et principes de l'assemblée générale, ainsi qu'à la proscription qu'elle a prononcée contre les sieurs de Peynier et Mauduit, déclarent qu'ils *la soutiendront et périront plutôt que de retomber sous le joug du despotisme.* Ces citoyens généreux font éclater leur indignation contre l'assemblée despotique du Cap et les agens du gouvernement. Ils brûlent de repousser l'ennemi de la liberté et de venger le sang de leurs freres. Le ressentiment général est à son comble, lorsqu'on apprend que le colonel Mauduit, par les ordres du gouverneur, a fait arrêter et conduire dans les prisons des casernes MM. Camfrancq et Glaumé, négociants, membres de l'assemblée générale, de retourner au Port-au-Prince par congé, qu'une escouade de soldats s'est transportée sur la sucrerie de M. Cottes, membre de l'assemblée (1), que les soldats ne l'y ayant point trouvé, ont voulu se saisir de son économe gérant, qui n'a trouvé son salut que dans la fuite, forcé ainsi d'abandonner à la merci des negres tous les biens du propriétaire, enfin qu'une autre brigade a ravagé et pillé une habitation sise près du Port-au-Prince, appartenant à M. Prat-des-Prés, che-

____

(2) Il est à remarquer que M. Cottes, conseiller au conseil supérieur du Port-au-Prince, créole, est le seul officier de cette cour qui ait mérité la confiance de ses concitoyens, et ait été choisi par eux pour les représenter soit au comité provincial, soit à l'assemblée des électeurs, soit enfin à l'assemblée générale.

valier de S. Louis, dont l'opinion s'étoit hautement montrée en faveur des représentans de Saint-Domingue.

Un sentiment d'horreur acheve de pénétrer tous les esprits, et la chaleur du patriotisme se manifeste à un tel point, que si l'armée du cap eût paru ce jour, toute la prudence de l'assemblée générale n'eût pu arrêter l'impétuosité des citoyens renfermés dans Saint-Marc.

Pour prévenir l'effusion du sang et faire cesser le danger, elle crut qu'il étoit nécessaire de donner tant aux troupes qu'aux citoyens abusés, partis du cap, connoissance des dépêches ministérielles, récemment arrivées. Cinq commissaires sont nommés par les habitans réunis de Saint-Marc, de la petite riviere et des verettes, et se rendent avec ces dépêches aux Gonaives, où des lettres interceptées annoncent que le débarquement du sieur de Vincent devoit s'opérer.

Dans la nuit du 5 au 6 est entré dans la rade de Saint-Marc, la goélette du roi, l'Alexandrine, commandée par le vicomte de Beaunay, éleve de la marine; il s'est rendu aussitôt à bord du vaisseau, qu'il croyoit commandé par le sieur de la Galissonniere, et à son défaut par le sieur de la Jaille. Sa surprise en ne les y trouvant point, décele un mystere; il est interrogé et donne *sa parole d'honneur*, qu'il n'est chargé d'aucun paquet; cependant on en trouve un dans ses poches. Ce paquet est ouvert à une heure du matin, en présence de deux membres de l'assemblée générale, de deux officiers municipaux et de l'état-major et équipage du vaisseau. Il s'y est trouvé une lettre du Sr. de Moncabrier, commandant la frégate la Vestale, adressée au sieur de la Galissonniere, et écrite du bord de cette frégate, sous la plate forme; cette lettre qui démontre l'ignorance où l'on étoit encore au cap, sur ce qui concernoit le vaisseau, fait le détail de l'expédition projetée, donne le nombre des troupes réglées et patriotiques, ainsi qu'il étoit déja connu, embarquées, savoir, cent hommes de troupes réglées et quatre canons de campagne sur la frégate, trois cents volontaires sur le navire nantois, la Fleur royale, capitaine Pillet, et cent hommes de troupes réglées sur la goélette la Patrie; enfin elle annonçoit que M. de Vincent, qui commandoit cette petite armée, feroit son débarquement aux Gonaives.

A cette lettre étoit jointe une longue épître, ayant pour suscription : « *L'assemblée provin-* « *ciale du nord, à nos très-chers freres mes-* « *sieurs les bons citoyens de la ville de Saint-* « *Marc* «. Le préambule de cette épître étoit une diatribe contre l'assemblée des représentants de Saint-Domingue, qu'elle traite de *sénat auda-* *cieux qui forge des fers à la colonie*; elle s'attendrit ensuite sur le sort des citoyens de Saint-Marc, qu'elle assure être tyrannisés par l'assemblée générale. « Nous venons, leur dit-elle, vous « tirer de l'état de détresse et d'anxiété où vous « vous trouvez: il est des circonstances où les « moyens de conciliation sont sans effet, nous « avons donc cru, chers freres, qu'il falloit les

« appuyer par l'appareil de nos forces . . . «. Elle
fait ensuite le détail de ces forces ; elle invite les
citoyens de Saint-Marc à s'y joindre, à leur fa-
ciliter l'entrée de Saint-Marc, à leur procurer les
moyens d'assistance et de protection *des bâti-*
ments du commerce et de son monde. « Il faut
« avant, ajoute-t-elle, s'assurer des forts, en-
« clouer les canons, *si vous ne pouvez faire*
« *mieux*, empêcher toutes introductions d'ar-
« mes et des troupes. ---- Nous vous jurons fidé-
« lité et attachement jusqu'à la mort, recevez-en
« l'assurance et comptez toujours sur les secours
« de vos très humbles serviteurs, *les membres de*
« *l'assemblée provinciale du nord.* «

La lecture de cette lettre excite dans le cœur
des citoyens des sentiments bien contraires à
ceux que le cap en attendoit, et l'idée humiliante
d'une atroce perfidie dont on les croyoit capa-
bles, les auroit portés aux dernieres extrémités,
si leur ressentiment n'eût cédé à la confiance
qu'ils avoient dans la sagesse de l'assemblée générale ; elle devoit croire que le sieur de Vincent,
après avoir pris connoissance des intentions du
roi, manifestées dans les dépêches du ministre,
se retireroit, sans persister dans son dessein per-
fide, de mettre aux mains les troupes et les citoyens, les uns contre les autres, et sauf à atten-
dre la décision de l'assemblée nationale, sur les
travaux des représentants de Saint-Domingue.

Mais cette espérance, dont se flattoient tous les
bons citoyens, fut bientôt évanouie. Le retour
des commissaires a apporté le 7 à la commune
de Saint Marc, une lettre en forme de *manifeste,*

où ce général d'armée, gardant un *silence* méprisant sur les lettres ministérielles, déclare qu'il a été requis par l'*assemblée générale du nord*, pour dissoudre une assemblée, *non constituée légalement*, puisque ce n'est pas le vœu général : « C'est d'a- « près cela, continue-t-il, que les parties de l'ouest « et du nord (1), ont pris la même résolution « sans s'être entendues (2) ». Enfin il donne *dix-huit heures*, pour que l'assemblée générale se divise, et que les membres se retirent chacun sur leurs possessions, et il ajoute : « Ah! nos frè- « res, nos chers freres de Saint-Marc, et parois- « ses qui vous y êtes jointes, voudriez-vous sou- « tenir, au *péril de la vie de vos freres et des notres*, « une cause semblable ? » Oui, s'écrierent tous les citoyens qui assistoient à cette lecture, oui, nous la soutiendrons au péril de notre vie, on peut même ajouter que le péril n'étoit pas grand, si l'on considere l'état de défense qu'offroit alors la ville de Saint-Marc, et les obstacles qui s'opposoient au succès de l'ennemi ; il suffit, pour s'en convaincre, de donner une idée de la situation de cette ville, et du rapport fait au conseil de guerre par le capitaine général.

Saint-Marc est situé dans l'enfoncement d'une

---

(1) Il veut dire les volontaires du Cap et du Port-au-Prince.

(2) Il est requis par l'assemblée générale du nord ; et plus bas il annonce qu'il a des ordres précis de son général qui est à l'ouest. Quelle intelligence plus marquée !

baie , sur une plage d'environ une lieue de long ; la ville bâtie au bord de la mer , est cernée à une assez grande distance par un cordon de montagnes , qui ne permettent d'y aborder que dans les deux extrêmités , *nord* et *sud*, et le chemin qui y conduit est renfermé de chaque côté dans une gorge , dont le défilé est très périlleux. A la sortie de la gorge , et pour arriver à la ville, le chemin suit le long de la mer, et le moindre bâtiment mouillé en face, foudroieroit aisément ceux qui y passeroient. En outre, du côté du *sud*, se trouve la batterie *Bellecombe*, à un quart de lieue de la ville, et à chaque extrémité de Saint-Marc, est une batterie de quatre pieces de canon.

L'armée du sieur de Vincent, pour se rendre des *Gonas* à Saint - Marc , devoit éprouver les plus grandes difficultés : il étoit non-seulement nécessaire de traverser les rivieres de l'*Ester* et de l'*Artibonite*, (celle-ci la plus large et la plus profonde de la partie françoise de Saint-Domingue) ; mais encore de faire au moins dix lieues dans des chemins couverts d'eau et de boue , sur un terrein gras , où les cavaliers ont, dans cette saison, beaucoup de peine à voyager , et sur lequel les canons de campagne eussent pu être difficilement traînés.

En supposant qu'une marche aussi pénible ; n'eût point arrêté le transport des canons, et découragé les citoyens forcés de voyager à pied, le passage de l'Artibonite n'eût pu être effectué sans perte de beaucoup de monde. Des piquets placés depuis le bourg des Gonaives, devoient observer tous les mouvements de l'ennemi; si pour éviter une partie de la route par terre, il se fût embarqué dans des chaloupes pour descendre à la saline, un poste armé de trois canons de 18 servis par cinquante saliniers exercés à ce service, et commandés par M. Rossignol de la Chicotte, leur brave capitaine, auroit empêché le débarquement, et lors même que l'ennemi fut parvenu à mettre pied à terre, il lui restoit encore cinq lieues à faire dans un pays impraticable dans cette saison, avant que d'arriver à la gorge des Guêpes.

S'il eût pris la route de terre, à son approche le bac de l'*Artibonite* eût été coulé; un retranchement qui avoit été aussitôt construit sur la rive en deça, présentoit trois canons de quatre, à affuts roulants, dont le feu battoit le chemin opposé; cent hommes d'infanterie et cinquante dragons placés dans ce poste, sous les ordres de M. de Verneuil, ancien officier d'artillerie, très éxpérimenté, attendoient l'ennemi avec un grand avantage, et pouvoient se porter plus haut ou plus bas s'il y tentoit le passage. Ils devoient ensuite en cas que sa supériorité parvînt à forcer le passage, battre en retraite avec leurs canons, se replier sur la gorge des Guêpes, seul endroit par où l'ennemi pouvoit se rendre à Saint-Marc.

Cette gorge étoit entièrement barrée par un retranchement garni de deux canons de 18, et deux de quatre. Cent hommes sous les ordres de M. de Noiremont, chevalier de Saint-Louis et de Cincinnatus, lieutenant-colonel d'infanterie, défendoient ce poste qui auroit été renforcé par l'avant-garde qui s'y seroit repliée. Le feu de ce retranchement, placé dans l'endroit où la gorge est très étroite et où le front de l'armée ennemie n'auroit pu se développer, ne pouvoit que la mettre en déroute; enfin en cas que le retranchement eût été forcé, un fortin, placé sur la crête du morne, et armé de deux pieces de quatre, devoit inquiéter l'ennemi, et donner le temps aux troupes de S. Marc de sortir de la gorge pour se replier sur la ville, ce qui se feroit avec d'autant plus de facilité que l'ennemi à l'issue de la gorge seroit foudroyé par le feu d'un bâtiment qui avoit été embossé vis-à-vis l'ouverture, et dont l'artillerie, sous la direction de MM. de la Combe, chevalier de Saint-Louis et de Nogérée, tous les deux anciens lieutenants de vaisseaux, balayoit tout le chemin jusqu'à la ville.

Dans le cas où le colonel Mauduit eût fait une descente au Montrouis, à six lieues de Saint-Marc, pour venir attaquer cette ville par le côté sud, le capitaine général avoit fait les dispositions nécessaires pour le recevoir. Un piquet de dragons posé au Montrouis devoit éclairer ses mouvements. La gorge du canot présentoit une batterie de trois canons de quatre, défendue par cinquante hommes sous les ordres de M. Didier, aide-major-général, citoyen de Saint-Marc, estimé par son courage et son intrépidité. Cette batterie étoit placée dans un lieu couvert qui plonge sur la ravine du canot que l'ennemi étoit obligé de traverser. A un peu de distance en-deçà avoit été construit un petit fort, dominant une seconde ravine très profonde, où il étoit encore attendu. Vingt-cinq hommes et deux canons défendoient ce petit fort. En cas que l'ennemi forçât ces deux postes, ce qu'il ne pouvoit faire sans avoir perdu beaucoup de monde, les troupes de Saint-Marc, après avoir encloué les canons, avoient une retraite facile par les bois dont le circuit les amenoit au fort Bellecombe, où des canons de douze et quatre-vingts hommes de troupes soldées, commandées par M. Amidieu Duclaux, ancien officier au régiment du Cap (1), devoient faire le plus grand mal à l'ennemi, tandis que toute l'artillerie du vaisseau mouillé devant la gorge, et battant à découvert une demi-lieue de terrain depuis cette gorge jusqu'à la ville, devoit achever de l'anéantir.

Le surplus des troupes patriotiques de Saint-Marc, de la petite riviere, des Verettes, du port Margot, de Plaisance, du gros Morne et du port de Paix, garnissoient les batteries de la ville, ou étoient destinées à se transporter partout où le besoin l'exigeroit.

Tel étoit le plan de défenses que le capitaine général devoit opposer à l'ennemi s'il fût venu en même temps par les côtés nord et sud ; mais

---

(1) Cet officier, beau-frere du sieur Cournoyer, lieutenant-colonel du régiment du Port-au-Prince, indigné de la barbarie consignée dans la lettre de celui-ci, rapportée plus haut, lui a écrit qu'il comptoit le recevoir à la tête de l'avant-garde, et qu'il le prévenoit que ses canons ne porteroient ni trop haut ni trop bas.

Il y avoit lieu de croire que l'armée du sieur de Vincent seroit la seule que l'on auroit à combattre, parceque les paroisses de l'ouest et du sud qui s'armoient ne permettroient pas au gouverneur de dégarnir le Port-au-Prince. Dans cette position, le capitaine général pourroit porter toutes ses forces contre cette armée, qui, composée en grande partie de citoyens peu faits à la fatigue, se seroit rebutée au premier échec, et se seroit aisément rappellé qu'ils étoient venus attaquer des concitoyens et des freres (1).

Toutes ces considérations qui étoient encore fortifiées par des lettres reçues le même jour de diverses paroisses dont les secours étoient annoncés, n'échapperent point à l'assemblée générale lorsque la municipalité de Saint-Marc est venue en corps, le 7 de ce mois, lui faire part de la lettre du sieur de Vincent. Mais les avantages de la victoire devoient entraîner l'effusion du sang des citoyens et les horreurs de la guerre civile que préméditoient les fauteurs de la contre-révolution. Cette idée douloureuse affectoit les représentants de Saint-Domingue, qui, d'un autre côté, voyoient dans la dissolution de l'assemblée générale le rétablissement assuré du despotisme et la perte de la colonie. Dans cette alternative affligeante se présente à eux un moyen

---

(1) On voyoit dans l'armée du sieur de Vincent les sieurs Trainier et Ballon, dont les freres étoient dans les troupes patriotiques, accourues au secours de Saint-Marc.

aussi sûr que magnanime, de déconcerter les ennemis de la régénération, c'est de se transporter en corps dans le sein de la nation pour lui demander justice contre ceux qui la trahissent elle-même sous le masque d'un faux zele pour ses intérêts, et rassurer la France sur la fidélité des habitants de Saint-Domingue, qu'on avoit si indignement calomniés.

Cette démarche fiere et noble étoit digne des représentants de la premiere colonie de l'univers. Cette courageuse résolution est aussitôt arrêtée que conçue. Ni les hasards d'un pareil voyage, ni le peu de temps pour s'y préparer, ni le préjudice d'un déplacement aussi brusque, ni la voix de la nature qui les rappelle auprès de leurs épouses et de leurs enfants, ni l'âge avancé de la plupart d'entre eux, rien ne peut arrêter l'effet de ce généreux dévouement (1). L'assemblée générale déclare « qu'elle cede au desir d'épargner « le sang d'un peuple de freres qu'un gouver- « nement astucieux et barbare a transformés en « ennemis pour les détruire les uns par les au- « tres, et leur faire préférer, après un long « épuisement, le calme du despotisme aux agi- « tations de la liberté. En conséquence elle dé- « crete qu'elle se transportera en France sur le « vaisseau le léopard prêt à mettre à la voile,

____

(1) La plus grande partie d'entre eux, éloignés depuis plusieurs mois du lieu de leur domicile, se trouvoient à cette époque dénués d'argent et de linge, sans avoir le temps d'en faire venir.

« pour aller porter à la nation et au roi les as-
« surances de l'inviolable attachement que leur
« a voué cette portion de François qui habite
« l'isle Saint-Domingue ; exposer à l'assemblée
« nationale la trame ourdie par le comte de
« Peynier, les sieurs Mauduit et leurs fauteurs,
« et nommément le sieur de Vincent, pour opé-
« rer en France une contre-révolution dont la
« colonie devoit être le foyer ; lui dénoncer les
« lâches assassinats commis par ces scélérats
« contre les citoyens du Port-au-Prince dans la
« nuit du 29 au 30 Juillet dernier ; les autres
« attentats dont ils se sont rendus coupables ;
« leur criminelle entreprise pour dissoudre, par
« la voie des armes, une assemblée dont le main-
« tien a pour base les décrets de l'assemblée na-
« tionale elle-même ; provoquer une vengeance
« éclatante de ces horribles forfaits, et sollici-
« ter enfin l'assemblée nationale de lancer con-
« tre le despotisme à Saint-Domingue ces mêmes
« foudres qui l'ont exterminé en France d'une
« maniere aussi victorieuse ». Elle décrete en
même temps « qu'elle continuera d'être en ac-
« tivité à bord dudit vaisseau, et de s'occuper
« des travaux qui font l'objet de sa mission».

Les citoyens de toutes les paroisses réunis à
Saint-Marc, qui jusqu'alors n'avoient écouté que
leur courage et leur dévouement au salut de la
patrie, n'eurent pas plutôt connu la détermination de l'assemblée générale et les motifs qui
en faisoient la base, qu'une profonde admira-
tion s'est emparée d'eux. Ils ont senti que de
toutes les victoires, celle qui épargne le sang

du citoyen est la plus glorieuse ; et dans les représentants de Saint-Domingue ils n'ont vu que
les libérateurs de la patrie. « Soyez les témoins
fideles de nos dernieres délibérations , disoit
M. le président de l'assemblée à la munici-
« palité de Saint - Marc. Vous serez désormais
« les uniques soutiens de la liberté du peuple ;
« vous lui rapporterez que la volonté de l'as-
« semblée générale a été constamment de faire
« son bonheur ; et qu'elle n'a pas hésité à se dé-
« terminer aux plus grands sacrifices lorsqu'elle
« a vu le péril menacer leurs têtes. Le parti
« qu'elle vient de prendre attestera à la colo-
» nie, à la nation entiere, combien elle a trem-
« blé de voir les citoyens s'armer les uns contre
« les autres. Que désormais tout prétexte de
« discorde cesse. L'assemblée générale va s'ar-
« racher du milieu de votre ville, et alors les
« ennemis du bien public n'auront pas le droit
« d'en approcher le fer et le feu dans les mains.
« Vous saurez maintenir les droits qui vous sont
« confiés ; vous saurez faire respecter votre ter-
« ritoire. Vous mériterez ainsi les bénédictions
« du peuple qui nous entoure et que nous por-
« terons toujours dans nos cœurs ».

Le même jour la municipalité a envoyé au
sieur de Vincent deux de ses membres pour lui
annoncer la détermination de l'assemblée générale, en l'assurant qu'elle avoit été prise « con-
» tre le vœu de toutes les personnes qui se trou-
« voient en ville, lesquelles avoient fait serment
« de la défendre ; c'est, ajoutoit-elle, c'est après
« avoir été témoins de la délibération et de l'ar-

« rêté que nous nous empressons d'avoir l'hon-
« neur de vous écrire. Nous applaudissons d'au-
« tant plus à ce sage parti, que la résistance
« vigoureuse qui avoit été préparée auroit pro-
« duit infailliblement le carnage le plus horri-
« ble. Nous pensons, Monsieur, que d'après ce
« détail vous ne vous mettrez pas en marche;
« les têtes encore échauffées interpréteroient fort
« mal un mouvement quelconque. Nos fonctions,
« qui tendent toujours à ramener la paix et le
« bon ordre, nous prescrivent de vous en faire
« la priere formelle. Signés, BRETTON DES CHA-
« PELLES, maire; BESNARD-BOISSET, procureur de
« la commune, etc. ».

L'après-midi du même jour l'assemblée générale s'est réunie en la salle de ses séances pour
se rendre au lieu de l'embarquement. La salle
et ses avenues étoient remplies par tous les citoyens de Saint-Marc et par ceux des autres
paroisses réunis en cette ville. Les gradins destinés à MM. les suppléants étoient occupés par
les dames et meres de familles qui étoient ve-
nues mêler leurs regrets à ceux des autres citoyens. La municipalité qui s'étoit rendue en
corps a témoigné, par l'organe de M. le maire,
à l'assemblée générale « tous les sentiments
« dont la ville de Saint-Marc étoit pénétrée pour
« les représentants de Saint-Domingue, qu'elle
« avoit eu l'avantage de posséder dans son sein,
« dont elle avoit suivi les travaux et dont nul
« mieux qu'elle ne pouvoit manifester le patrio-
« tisme et le zele pour la cause du peuple. Elle
« les a suppliés de ne point oublier les témoi-

« gnages qu'ils y avoient reçu de l'attachement
« de leurs concitoyens, et d'y venir continuer
« leurs séances dès leur retour, les assurant
« que quelques efforts que pussent faire leurs
« ennemis, l'assemblée générale y retrouveroit
« toüjours le même dévouement ». M. le maire
a ensuite déclaré que la salle des séances de l'assemblée resteroit dans le même état pendant
son absence.

Après de nóuveaux témoignages de sensibilité
exprimés par M. le président à la municipalité et
à tous les citoyens, l'assemblée générale s'est mise
en marche. L'appareil militaire déployé dans cet
instant, ajoutoit à la majesté du spectacle. Les
troupes patriotiques réunies des différentes pa-
roïsses bor doient la haie sur plusieurs lignes depuis la salle jusqu'au rivage; les gardes nationales
soldées escortoient l'assemblée générale qui étoit
précédée de la municipalité et suivie d'un peuple
nombreux. La consternation étoit peinte sur tous
les visages, le silence le plus imposant n'étoit inter-
rompu que par les bénédictions dont les citoyens
couvroient l'assemblée et dont l'essor s'est manifesté sur-tout au moment de l'embarquement effectué sur les chaloupes du vaisseau. Les cris de
vive la nation, vive le roi, vive l'assemblée générale, ont
pénétré tous les cœurs des représentants de Saint-
Domingue, dont le généreux dévouement ex-
citoit l'attendrissement général et faisoit couler
les larmes à un cortege nombreux de citoyennes
qui les avoient accompagnés jusqu'au bord du rivage.

Les gardes nationales soldées dont l'assemblée

avoit ordonné l'embarquement pour les sous-
traire à la vengeance du colonel Mauduit, dé-
ployant leur drapeau aux trois couleurs et aux
armes de France, ont reçu les adieux du public,
récompense précieuse du courage avec lequel, *à
l'exemple des régiments de France*, elles avoient refusé de tourner leurs armes contre les citoyens.

M. Croisier, président du comité provincial
de l'ouest s'est réuni à l'assemblée générale, sur
le vaisseau le Léopard; les archives, le secrétariat
et les bureaux de l'assemblée y ont été transportés.

Hier, 8 de ce mois, l'assemblée générale a te-
nu sa séance à bord du vaisseau, s'est occupé de
son adresse aux paroisses et a reçu une députation de la municipalité, qui est venue lui apporter ses derniers hommages; le vaisseau a appa-
reillé pour France à huit heures du soir (1).

Nous apprenons aujourd'hui que les paroisses
de l'ouest et du sud, à la nouvelle du massacre
du Port-au-Prince et des proclamations du comte
de Peynier, se sont armées et ont juré de venger
le sang de leurs concitoyens et de défendre leurs
représentants.

Il nous est parvenu des délibérations de plusieurs de ces paroisses qui ne laissent aucun doute
sur leurs desseins, celle du petit Goave, en date
du premier août, s'exprime ainsi :

---

(1) L'assemblée générale se trouvoit alors de 85 membres, indépendamment des personnes attachées à sa suite.

« Après mûre délibération, la commune a ar-
« rêté que, justement affligée des traits d'inhu-
« manité qui ont été exercés de l'ordre du comte
« de Peynier, sur nos concitoyens du Port-au-
« Prince, elle est prête à marcher pour leur aller
« prêter secours et assistance, et afin que nos
« freres ne soient pas sacrifiés à la fureur de la
« troupe soldée et des autres ennemis de la pa-
« trie, invite au nom de l'honneur et du patrio-
« tisme, toutes les paroisses de la colonie, à se
« réunir le plus promptement possible, pour al-
« ler délivrer nos concitoyens du Port-au-Prince
« de l'esclavage où les a plongé le despotisme ;
« et pour que le comte de Peynier n'ignore pas
« les dispositions de cette paroisse et sa juste in-
« dignation des cruautés dont il s'est rendu cou-
« pable en ordonnant le massacre des citoyens
« du Port-au-Prince, arrête que le présent lui sera
« adressé, et ont les citoyens signé. «

Extrait de la délibération de la même paroisse
du 2 août : « La commune considérant que les
« proclamations du comte de Peynier, en date
« des 29 et 30 juillet dernier, sont des actes d'un
« despotisme effrayant, attendu qu'il se permet
« de *dissoudre* des assemblées formées *par le vœu*
« *légitime du peuple*, reconnues par lui-même, et
« sur lesquelles, comme simple agent du pou-
« voir exécutif, *il n'a aucune espece d'autorité*, atten-
« du qu'il prétend fixer les bornes de leurs droits
« et de leurs pouvoirs, *dont à aucun titre il ne peut*
« *être le juge*, et que son but est évidemment d'en-
« lever à la colonie les avantages infinis qu'elle
« doit retirer de ces assemblées, et de la replon-

« ger sous le joug de l'autorité arbitraire ; que
« pour exécuter ces criminels projets on a déja
« déployé contre ces assemblées des forces publi-
« ques dont les agents du pouvoir exécutif ne
« *sont armés que pour défendre la liberté et les propriétés*
« *des citoyens*, qu'on excite ainsi les citoyens con-
« tre eux, ce qui est armer des freres contre des
« freres. «

« Considérant que ces proclamations sont des
« actes de tyrannie et de rébellion, ouverte en-
« vers toute la nation françoise, et principale-
« ment contre la partie françoise de Saint-Do-
« mingue. «

« Arrête que les placards de ces proclamations
« resteront déposés aux archives de la municipa-
« lité, pour y consacrer à jamais les vues de cet
« agent du pouvoir exécutif, *le voue de nouveau à*
« *l'exécration publique , le déclare dès ce moment in-*
« *digne de commander à aucun François*, ET NE LE RE-
« CONNOÎT PLUS POUR GOUVERNEUR DE CETTE ISLE,
« déclarant que comme citoyens françois, *ils ne*
« *cesseront d'être soumis à la nation, à la loi et au roi*
« qu'ils reconnoîtront toujours pour leur chef su-
« prême, et ont tous les citoyens signé. «

La paroisse du Petit-Goave a expédié aussitôt
un de ses capitaines de district, pour porter ses
délibérations et les nouvelles du Port-au-Prince
et de Saint-Marc dans toutes les paroisses du
sud. Ce capitaine arrive le lendemain 3 août à
Aquin ; les habitants se réunissent aussitôt dans
l'église, et après lecture des paquets, ils pren-
nent l'arrêté suivant :

« Sur quoi la commune d'Aquin délibérant,
« arrête d'*une voix unanime* qu'elle adopte entière-
« ment les décrets de l'assemblée générale de la
« partie françoise de Saint - Domingue, des 31
« juillet dernier, et l'arrêté de la commune du
« Petit-Goave du 2 du courant, auquel *elle adhere*
« *dans tout son contenu*; déclare qu'indignée et griè-
« vement ulcérée des assassinats commis envers
« ses freres du Port-au-Prince, elle jure sur l'au-
« tel de l'honneur et de la patrie de *verser jusqu'à*
« *la derniere goutte de son sang pour en tirer vengeance*;
« qu'il sera en conséquence donné sur le champ
« les ordres les plus prompts et les plus précis
« pour rassembler tous les habitants et citoyens
« actifs à l'effet de se trouver armés au bourg d'A-
« quin, pour prendre jour et heure, et à l'effet de
« se rendre à Leogane, lieu du ralliement, pour
« y joindre leurs autres freres, déclarant *traîtres*
« *à la patrie* et indignes de porter le nom fran-
« çois, ceux qui ne se rendront point au jour
« qui sera indiqué, à moins de raisons valables
« qui les en empêchent, ce dont ils justifieront.«

« Prenant au surplus en considération la con-
« duite du maître et de l'équipage du vaisseau,
« le Léopard, présentement en rade devant S.-
« Marc, la commune d'Aquin s'engage ici de se
« joindre aux autres paroisses pour lui assurer
« un traitement digne des sentiments patrioti-
« ques que ces généreux citoyens viennent de
« manifester dans la circonstance. »

« Arrête en outre qu'extrait du présent sera
« envoyé, tant à la commune des Cayes qu'à
« celle du Petit-Goave. Arrête enfin qu'extrait du

» présent sera adressé par le secrétaire de la
« commune au sieur comte de Peynier. »

Fait en assemblée générale de la commune, et
ont tous les citoyens signé.

Le capitaine des districts du Petit Goave est arrivé
à Cavaillon dans la nuit du 3 au 4 de ce mois. A quatre heures du matin, la municipalité s'est assemblée, et, par ses ordres, le tocsin a été sonné,
l'alarme a été tiré, et des exprès envoyés dans
toute la paroisse pour rassembler les habitants.
A huit heures, » sur la représentation du procu-
« reur de la commune, qu'étant dans un instant
« de crise et sur le point de se mettre en marche
« pour voler au secours de nos freres opprimés,
« il étoit instant de se procurer des poudres, fu-
« sils et autres munition dont le quartier man-
« quoit : il a été arrêté par la municipalité qu'à
« mesure que MM. les gardes nationales arrive-
« roient sur la place du bourg, ils seront com-
« mandés jusqu'au nombre de vingt-cinq pour
« escorter les munitions que l'on espéroit d'obte-
« nir de la municipalité de S.-Louis. »

Fait et clos etc. signé Berret, maire, Ruffu-
veuille, procureur de la commune, etc.

Une lettre de la même municipalité en date
du lendemain, s'exprime ainsi :

« La commune, depuis hier assemblée, par-
« tage tous nos sentiments : elle ne respire que
« vengeance et désespoir, elle ne voit dans le
« comte de Peynier qu'un Néron, qu'un Cali-

« gula. Nous nous reposons sur votre prudence ,
« comptez sur notre courage. »

Extrait d'une lettre de la municipalité d'A-
quin , de la même date : « MM. de Saint-Louis ne
« manqueront pas de vous marquer qu'un déta-
« chement de Cavaillon est venu demander à
« M. de Saint-Vilmé (lieutenant de roi comman-
« dant) les clefs de la poudriere et de l'arsénal ,
« que sur son refus ils ont enfoncé les portes de
« l'armoire où étoient les clefs , et ont chargé des
« tombereaux des munitions qui leur étoient né-
« cessaires.

« Ce soir, neuf de nos braves jeunes gens sont
« allés à Saint-Louis , précédés d'un tombereau
« pour y prendre les munitions nécessaires , et
« d'un autre côté ont fait venir, du bord de la mer,
« deux pieces de canon pour la garde du bourg.

« On a surpris une lettre adressée par le sieur
« Coustard au sieur Cauderc, (ancien officier au
« régiment du Port-au-Prince, et ensuite major
« du régiment du Cap, habitant dans la plaine
« des Cayes, et zélé partisan du gouvernement)
« par laquelle il lui donne avis que , *pour se débar-*
« *rasser d'un tas de polissons qui composent les muni-*
« *cipalités , on a déjà commencé par le Port-au-Prince,*
« *et qu'on ira de suite de ville en ville* (1). Deux cents

---

(1) C'est principalement contre l'existence des municipalités que les agents du pouvoir exécutif ont combiné leurs efforts ; tous les commandants pour le roi ont
eu ordre du gouverneur de protester contre cet établis-

« braves citoyens des Cayes , suivies de deux
« pieces de campagne ont dû aller ce matin chez
« M. de Cauderc, pour se saisir de lui et de tous
« ses papiers.

<hr>

gement ; ce qu'ils ont fait dans plusieurs paroisses , le
sieur Robert *de Saint-Vincent* , commandant un bâtiment du roi en station , au *Môle Saint-Nicolas* , écrivoit au sieur de la Galissonniere le 17 juillet : « M. de
« Sainte - Croix (commandant particulier au Môle)
« aussitôt la réception de la lettre du général, a envoyé
« *sa protestation* à la municipalité , qu'on avoit laissé
« nommer *sans lui laisser user d'aucuns de ses droits.*
« Cette démarche, ainsi que *le renfort des gardes qui a*
« *eu lieu ce matin* , a paru inquiéter la municipalité , qui
« a envoyé tout de suite une députation vis-à-vis M. de
« Sainte-Croix pour lui manifester ses craintes : celui-ci
« les a assurés qu'il n'agissoit ainsi qu'en *vertu d'ordres*
« *supérieurs* , et que les ordres supérieurs étoient des
« *loix pour lui.* Il y a eu ce matin une assemblée chez
« le maire Genton, on craint qu'ils ne remuent cette
« nuit ; on les fait *guetter* , mais est-on bien sûr de la
« garnison ? on dit que oui ; je le désire ardemment, etc. »

Dans une lettre du 10 du même mois ; le même sieur
de Saint-Vincent écrivoit : « J'ai eu l'honneur de vous
rendre compte de la conduite que j'étois disposé à tenir vis-à-vis de ces Messieurs (de la municipalité) avec
lesquels *je ne traiterai même pas à titre de maire* , pour
les objets que je pourrois avoir à discuter avec eux.

Le sieur Leyrits, lieutenant de vaisseaux , en station

« Enfin on ne peut voir plus d'énergie, qu'en
« montrent les paroisses : tout sera prêt sous deux
« jours, et si l'on n'a point de nouvelles certaines

***

aux Cayes ; par une lettre du 15 juillet, demandoit au
sieur de la Galissonniere des ordres pour *s'opposer aux*
prétentions de la municipalité qui va s'établir le 25.

Les lettres du sieur de Moncabrier sont dans les mêmes
principes ; il plaint sur-tout le sieur de la Galissonniere,
de ce qu'après l'établissement prochain de la municipalité au Port-au-Prince, celui-ci va être exposé au *despo-*
tisme de M. le Maire.

Toutes ces lettres ont été trouvées dans les papiers du
sieur de la Galissonniere. Il ne faut pas en oublier une du
sieur de Saint-Vincent, qui ayant vu avec douleur l'établissement de la municipalité du Môle, cherche à la tourner en ridicule. Elle est du 14 juillet 1790.

« Je vous avois annoncé, par Bussy, la prochaine élec-
« tion du Môle, elle a eu effectivement lieu dimanche
« dernier. M. Genton a été élu maire ; cette élection n'a
« occasionné aucun trouble. Hier le corps municipal
« ayant appris par le courier la nouvelle constitution de
« l'assemblée générale, a prévenu M. de Sainte-Croix
« qu'il y auroit un *Te Deum* chanté ce soir à cinq heures,
« en actions de graces de cette nouvelle. Il n'a pas parlé
« du renouvellement du serment des troupes qui eût été
« refusé (c'est le serment du 14 juillet). Tous ces inci-
« dents donnent lieu à des fêtes où tout le monde, hom-
« mes et femmes, trouve à se réjouir. L'élection de di-
« manche a été suivie d'un souper splendide chez M. le

« que la tranquillité est parfaitement rétablie et
« que l'assemblée générale soit maintenue dans
« tous ses droits, on se rendra sur le champ à
« Léogane.

« M. le chevalier Duffreley (ancien lieutenant
« de roi, colonel d'infanterie et habitant à A.

« maire, à qui il en a coûté *deux gourdins*, (4 liv. 2 sous
« 6 den.) le vin et le taffia (1) non compris, qui ont été
« fournis par un honorable vieillard, nommé Bernard,
« que la voix publique a élevé au grade et *honneur su-*
« *préme* de commissaire de rade, c'est-à-dire de commis-
« saire *sans commission*. Ce soir la milice patriotique
« prend les armes pour le *Te Deum* et après la cérémo-
« nie, grand bal et illumination ; c'est M. le maire qui
« fait les frais ; M. le secrétaire *qui ne sait pas lire*, et
« M. le trésorier qui est le charpentier du roi, doivent
« être *maîtres de cérémonies* : tout cela sera *magni-*
« *fique.* »

D'après l'opinion que le sieur de Saint-Vincent a conçue des municipalités, il n'étoit pas surprenant de lui
voir dire dans sa lettre du 26 juin : « j'ai appris que j'a-
« vois été dénoncé à l'assemblée générale, comme *allant*
« *de porte en porte faire fermenter les têtes contre elle* ;
« je m'estime heureux que ce ne soit pas une dénoncia-
« tion ; car quoique j'aie été bien gratuitement dénoncé
« plusieurs fois *à la municipalité de Brest, je ne m'ac-*
« *coutumerai point à ce régime là.* »

(1) Le taffia est une eau de vie de cannes, qui n'est bue que par
les negres.

« quin), a déclaré que son neveu, le chevalier
« de la Haye (officier au régiment du Port-au-
« Prince), actuellement sur son habitation, ne
« rejoindroit point son régiment malgré l'ordre
« qu'il en avoit reçu, et que lui-même ne vouloit
« plus être employé dans la colonie en sa qualité
« de colonel, qu'il faisoit hommage de ses services
« à la paroisse, et qu'il se rendroit avec ses con-
« citoyens à Léogane.

« Les habitants d'Aquin se sacrifieront tous
« pour venger les assassinats faits sur leurs freres.
« Quand même on cesseroit toute hostilité cela
« ne suffit point, *il faut encore qu'on fasse justice*
« *de ceux qui les ont commandés et de ceux qui ont osé*
« *les executer.* Signé de Maupin, maire de S.-Re-
« my, secrétaire greffier. »

Nous apprenons par une lettre de la municipalité du Grand Goave, du 3 de ce mois, qu'aussitôt que la nouvelle de ce qui s'étoit passé au
Port-au-Prince y a été connue, « tous les ci-
« toyens, même les plus éloignés, se sont réu-
« nis en armes pour voler au secours de leurs
« freres ; et ce matin il est arrivé ici un *détachement*
« des citoyens de la paroisse de Baynet, qui étoient
« en marche pour voler aussi au secours de leurs
« freres ». Signé David Roi, maire, d'Arnaud et le
comte des Rivieres, officiers municipaux.

Une lettre d'Aquin, en date du 5 de ce mois,
neuf heures du soir, s'exprime ainsi : « Je re-
« prens à la hâte la plume pour vous faire part
« d'une scène qui vient de se passer au Cayes. A
« l'arrivée de M. Huguet, député de la commune

« du Petit Goave, 200 gardes nationales se sont
« rendus chez M. de Caudere, qui, à leur vue,
« s'est réfugié avec son économe et quelques
« Negres dans une piece de *cannes*, d'où il a tiré
« environ vingt-cinq coups de fusil sur les gardes
« nationales. Voyant qu'on n'avoit d'autre moyen
« de la prendre, on a mis le feu à la piece de
« *canne*, et sitôt qu'il en est sorti on s'en est em-
« paré, et on l'a conduit aux Cayes ; la munici-
« palité n'étant pas compétente pour le juger l'a
« envoyé en prison sous bonne garde ; mais les
« têtes étoient échauffées : on s'est porté à la
« prison, on en a brisé les portes, et il a été
« conduit sur la place, où il a été fusillé et a eu
« ensuite la tête tranchée ; voilà ce que lui vaut
« sa belle correspondance avec M. Coustard,
« qui mériteroit, ainsi que les Peynier, les Mau-
» duit, etc. le même sort. Vous ne tarderez pas
« à avoir cette correspondance , elle a été inter-
« ceptée, et M. Huguet en est porteur ; il doit la
« remettre à la commune du Petit Goave, pour la
« faire passer à l'assemblée générale. Le temps
« me presse, je ne puis vous en dire davan-
« tage, etc. *P. S.* M. de S. Vilmé (commandant à
« Saint-Louis court la même carriere que M. de
« Cauderc. »

La fermentation des paroisses paroît avoir ga-
gné la ville du Cap même. Nous venons d'être
informés que vingt-neuf volontaires, désignés
pour être de l'armée du sieur de Vincent, ne
s'étoient point embarqués, refusant d'être complices de l'attentat qu'on alloit commettre, et que
les autres avoient dressé à bord un procès verbal

en forme d'arrêté , qui déclaroit *les vingt-neuf traîtres à la patrie*. Ceux-ci, révoltés de cette qualification, ont fait propager leur indignation et leur colere ; ils ont provoqué et obtenu, le 5 de ce mois, un conseil d'administration du corps, qui a cassé l'arrêté dans lequel il a été décidé « que les volontaires patriotiques sous aucun pré- « texte ne marcheront contre des citoyens fran- « çois, à moins que ce ne fût contre des brigands « perturbateurs du repos public ; et sur la requi- « sition *seule des officiers municipaux*. Qu'ils n'a- « bandonneront point la ville du Cap, lieu ordi- « naire de leur résidence, et à la défense de la- « quelle ils sont spécialement dévoués. En consé- « quence ils invitent leurs chers et braves cama- « rades déja partis pour S.-Marc, et que leur cou- « rage à sans doute égarés , de se rendre dans « leur sein ». On ajoute que cet arrêté a fort dé- plu à l'assemblée soi-disant provinciale, qui n'a pas craint d'autoriser aussitôt le colonel du régi- ment du Cap à armer les batteries , à en pointer les canons, tant sur la ville que sur les avenues, et a fait remettre les poudres aux ordres des chefs des troupes soldées. Une lettre de la municipalité du Dondon, paroisse voisine du Cap, en date du même jour, apprend que ces mouvements hos- tiles, « joints aux éclaircissements qui commen- « cent à percer , ont fait ouvrir les yeux à beau- « coup de monde ; les volontaires et autres ci- « toyens se sont assemblés et se sont décidés d'a- « bord à expédier un exprès pour rappeller leurs « camarades, partis sous les ordres de M. le « comte de Grasse. Ils s'assemblent de nouveau » ce matin pour se faire rendre compte de tout

« *et s'emparer des forces militaires* ». Signé de la Tour, maire ; Allenet, secrétaire-greffier.

Tel est le tableau fidele de la situation critique où nous nous trouvons ; il est à craindre que les premieres lettres n'apprennent des nouvelles encore plus affligeantes, si le gouvernement persiste dans ses projets hostiles.

EXTRAIT *d'une lettre de Saint-Domingue,* *du* 10 *août* 1790.

DANS la situation critique où nous nous trouvous, nous avons tout à craindre des fureurs de la guerre civile. D'un côté, le plus grand nombre des paroisses, adhérant aux principes et aux travaux de l'assemblée générale, ont secoué le joug de l'ancien régime, et juré de soutenir leurs municipalités et leurs représentants jusqu'à la derniere goutte de leur sang. De l'autre côté, quelques paroisses, égarées par des hommes pervers et intéressés, se joignent au pouvoir judiciaire, qui lance les foudres de la justice, et au gouvernement, qui les soutient des forces militaires. Leur but est la conservation de l'ancien système, et il est aisé d'en connoître les motifs.

L'établissement des municipalités entraîne la suppression des *états majors* et l'anéantissement de leur autorité despotique ; et dès lors tous les agens du pouvoir exécutif et sur-tout les officiers des régimens de la colonie, *à qui ces places étoient réservées*, perdent infiniment au nouvel ordre de choses.

Les assemblées de département vont faire supprimer l'intendant et le nombreux cortege des commis et chefs des bureaux de l'administration.

L'existence de l'assemblée générale borne l'autorité du gouverneur, lui ôte la faculté de faire des loix, de donner essor à sa volonté arbitraire, et d'être, de concert avec le ministre, le souverain arbitre de Saint-Domingue.

La formation des gardes nationales en anéantissant les anciennes milices, renverse les espérances de nombre d'habitants riches, qui, par cette voie, commandoient les paroisses et aspiroient à la croix de saint Louis; véritable hochet dont le gouvernement les amuse encore pour les attirer à son parti.

La nouvelle organisation du pouvoir judiciaire enlevera les offices de judicature à des hommes, la plupart créatures des ministres ou des administrateurs, presque tous accoutumés à regarder leurs places comme un patrimoine qu'ils doivent améliorer par tous les moyens possibles.

Enfin une administration municipale surveillera, par une police sévère, sur-tout dans les villes, *ce nombreux essaim de gens sans aveu et de mauvais sujets d'Europe* qui se réfugient dans les colonies et y vivent des rapines du jeu, ou du brigandage d'un commerce nocturne.

Voilà sans doute, de la part de tant de monde, de puissants motifs de coalition contre le nouveau régime. Ajoutons qu'elle s'est renforcé de la plupart des négociants de la colonie, à qui l'on a persuadé que des habitants *administrateurs* ou *législateurs* mettroient toute sorte d'entraves au paiement des dettes, comme si la suspension du paiement des dettes n'entraînoit pas l'extinction du crédit, et l'extinction du crédit la ruine de l'habitant, comme si le commerce et la culture des colonies n'existoient point l'un par l'autre, et que tout ce qui tend à l'accroissement de l'un, ne vivifioit pas l'autre.

Le gouvernement, se fiant à cette coalition a osé répandre le sang des citoyens; et s'il persiste dans ses projets incendiaires, il est à craindre que cette belle colonie, si utile, si nécessaire à la France, ne soit bientôt plus qu'un monceau de ruines et de cendres : le généreux dévouement de notre assemblée coloniale, qui, sans calculer les hasards et les sacrifices du voyage, s'est embarquée, le 8 de ce mois, sur le vaisseau le Léopard, pour aller mettre sous les yeux de la nation et du roi l'état déplorable de cette intéressante portion de l'empire ; ce généreux dévouement, dis-je, sera inutile, si l'assemblée nationale ne se hâte de nous renvoyer nos représentants, de les protéger contre les ennemis de la régénération de S. Domingue, de décréter la poursuite judiciaire du Comte de Peynier, des sieurs Mauduit, Coustard et Vincent, et de tous ceux qui ont tourné les armes des troupes contre les citoyens, ainsi que le rappel de ces mêmes troupes assassines,

C'est par le prompt retour de l'assemblée générale et l'arrivée d'un gouverneur citoyen, chargé de faire respecter ses utiles travaux, que la paix se rétablira dans la partie françoise de Saint-Domingue ; c'est par la création de *gardes nationales soldées*, uniquement destinées à la défense intérieure de l'isle, et par l'envoi de vaisseaux, porteurs d'officiers et équipages connus par leur patriotisme ; c'est par ces mesures aussi sages qu'indispensables que les agents du despotisme ministériel et leurs adhérents, pourront être contenus. Alors les municipalités acheveront de s'établir, les assemblées de département se formeront, l'assemblée générale continuera à s'occuper de la constitution de Saint-Domingue ; et la colonie, en applaudissant à son travail, bénira chaque jour l'assemblée nationale qui l'aura protégée, et le monarque qui aura veillé à sa tranquillité.